天

Borderless

下

博稽古今 融汇天下

现代法治

现代法治

沈家本的改革梦

Rule Of Law

李贵连 著

法律出版社

作者简介

李贵连

1969年于湖北大学法律系（今中南财经政法大学）毕业。现为北京大学法学院教授、北京大学近代法研究所所长、华中科技大学法学院特聘教授。出版《沈家本与中国法律现代化》《沈家本传》《近代中国法制与法学》《沈家本年谱长编》《法治是什么——从贵族法治到民主法治》等十余种著作，堪称国内法史学界和沈家本思想研究的大家。

序

1978年,我幸运地考进北京大学法律学系,师从张国华教授,攻读中国法律思想史。进校大概一个学期,张师就明确告诉我,硕士学位论文以沈家本法律思想为题。

那是一个知识饥荒的年代,沈家本这个名字,即使在法学界,知道的人也并不太多。作为"文化大革命"前夕进入大学的法律系本科毕业生,我只能用"闻所未闻"来表述我当时对沈家本的认知。我的研究就在这种状态下开始。斗转星移,迄来已近四十年。

我的硕士学位论文,开始以《沈家本的法律思想研究》为题。但是,在阅读沈氏的著述后,经张师认可,改为《清末修订法律中的礼法之争》。1981 年硕士毕业后,我留校任教。张师希望我在教学之余继续沈家本的研究。在他的鼓励下,我们做出这样的研究计划:编一本沈家本年谱,写一本沈家本传,汇集一套沈家本修律资料,写一本沈家本法律思想研究。经过几年的努力,20 世纪 80 年代中期,草成《沈家本年谱》《沈家本传》《沈家本的法律思想》三种。《沈家本年谱》以初编为名,由北京大学出版社出版。《沈家本传》交某大学出版社,在打好纸型后,该社将纸型交给我,停止出版。没有今天通行的赔偿,我也没有和他们争论。按刘广安教授的建议,把《沈家本传》改名为《沈家本与中国法律现代化》,将纸型交北大印刷厂,用光明日报出版社的书号自费出版。至于沈家本的思想研究大概写了七八万字,因种种原因既未发表也未出版。时过境迁,现在已无与读者见面的必要了。

书虽然出版了,但我并不满意,粗疏讹陋之处所在多有(正是这个原因,才有 20 世纪 90 年代《沈家本年谱长编》和 21 世纪初年《沈家本传》《沈家本评传》的出版)。但是,大概是当年知识饥渴的原因吧,它们的社会效果还不错。台湾的黄静嘉先生,在 20 世纪 60 年代就是研究薛允升的专家。《沈家本年谱初编》面世不久，我就收到他的来信，讲述他在日本东京东丰书店看到《沈家本年谱初编》的惊喜，以及他对这本书的高度评价。因此书缘，我们成了忘年交，并由此开启了海峡两岸法史学的交流。

从20世纪80年代起，我陆续在各种刊物和各种场合，发表多篇有关沈家本的论文。但是，受传统研究思维的影响，我对沈氏思想的认知一直停留在民国杨鸿烈先生的认知上。2003年，湖州市开会纪念沈氏逝世九十周年，我被邀请并作主题发言。为此我重新思索，在反复查阅当年追悼会上的挽联中，我觉得多付以“共和法治国”“法治开先河”为题的挽联，实在是对他晚年修律的盖棺之论。联系《寄簃文存》中他对中外法治的论说，以及他的修律实践，我对他的现代法治的改革梦理解清晰了。由此而有《法治(Rule of Law)：晚清法律改革者的理想——沈家本逝世90周年祭》的大会发言。后经多次课堂讲授，形成今天这样的小册子。这本小册子既是2003年思路的继续，也是我20世纪80年代宿愿的了结。

作为一名法史研究者，忠实历史是我的职责。“法治主义为立宪各国之所同，编纂法典实预备立宪之要著。”

这种对法律价值的认同,不是我的臆断,是白纸黑字留给我们的证据。正是出于这种考虑,所以行文多引原文,由读者自己去判断。

李贵连于京北寓所

2016.5.11

目录

引　言

沈家本(1840～1913),清代著名法学家和立法专家,字子惇,又作子敦,号寄簃,浙江归安(今浙江省湖州市)人。同治三年(公元1864年)进入清朝刑部做官,光绪九年(公元1883年)考奉天各司主稿,兼秋审处坐办,律例馆提调。以对传统法学(律学)的精熟,被官场和士大夫所推许,“以律鸣于时”,是当时刑部最出色的司员之一。光绪十九年(公元1893年)出任天津知府,因“以宽大为治”“用律能与时变通”而受到时人称誉。后来调任直隶首府保定府知府。

在此期间,因董福祥甘军过境,捣毁保定北关外法国教堂,引起中外交涉。他与法国传教士据理力争。为此,在八国联军占领保定期间,被侵略军拘留近四个月。从光绪二十七年(公元1901年)起到宣统三年(公元1911年)止,历任清朝刑部侍郎(副部长)、修订法律大臣、大理院正卿(最高法院院长)、法部侍郎(副部长)、管理京师法律学堂事务大臣(校长)、资政院副总裁、袁世凯内阁司法大臣(部长)等职。1910年,中国第一个全国性的法学学术团体北京法学会成立,沈家本被推为首任会长。在中国传统法律转轨、中西法律和法学融合以及中国近代法学兴起的过程中,沈家本起了承先启后的作用。

1900年,慈禧太后接过维新志士的变法旗号,下令变法。规定除三纲五常万世不易外,"令甲令乙,不妨如琴瑟之改弦",取外国之长,补中国之短。两江总督刘坤一、湖广总督张之洞,率先响应,根据这一谕令,先后提出改革旧的审判制度和监狱制度,以及仿照西方法律,制定中国自己的矿山法、铁路法、商法和交涉刑法等一系列奏议。在此期间,张之洞参与和英国的商约谈判,提出中国改革法律,英国放弃在华领事裁判权的要求。在取得英国代表马凯的同意并写入条约以后,光绪二十八年(1902年),清朝廷正式下达法律改革之诏,责成袁世凯、刘坤一、张之洞,“慎选熟悉中西律例者,保送数员来京,听候简派,开馆纂修,请旨审定颁行”。根据清廷的谕旨,袁世凯、刘坤一、张之洞连衔保举沈家本、伍廷芳主持法律改革工作。同年4月6日,以“务期中外通行,有裨治理”,收回“国家利权”为目的,清廷正式任命沈家本、伍廷芳“将一切现行律例,按照交涉情形,参酌各国法律”,进行改革,拉开了法律改革的序幕。

发生在19世纪、20世纪之交的这场法律改革,是戊戌维新时期维新思想家法律改革要求的继续,是中国历史上最为重要的一次改革。在沈家本等人的努力下,[1]这次改革开启了中国法律现代化之门。中国法律向现代演进。迎合1906年预备立宪的需要,中国水土第一次移植了西方法治。

[1] 按:之所以用“等”,是因为这种改革,只有沈家本一个人是不可能有太大太多的作为的。只有整个改革群体,甚至对立的群体的合力,才有可能使改革取得最佳效果。

第一章　中西法治宗旨之异

在这场影响深远的中国法律近代化运动中，沈家本是法治(Rule of Law)特别是法治中审判独立的追求者和实践者。

作为晚清法律改革的主持者，沈家本熟悉我国的古代法治，对西方法治(Rule of Law)也有深入的洞见。但是，从现有的材料来看，在主持法律改革之前，没有发现他对西方法治(Rule of Law)有什么了解。1900年八国联军占领保定城，侵略者施加给他的切肤之痛，导致他的思想急剧转变。1899年秋天撰写、1907 年面世的《刑案汇览三编序》，记述了他的这一转变。

《刑案汇览三编》是沈家本保定知府任内，在保定府署编定的起自道光十八年的刑案。潜心编书的老知府，编完这本巨著后，遣词造句，把自己一生对清朝刑案，同时也是对中国传统法律的认知，写进杀青后的书序。这篇书序中的两段话，真实地记录了他的心路转变历程。

这两段话中的第一段说：

> 夫刑名关系重要，其事之蕃变，每千头万绪，其理之细密，如茧丝牛毛。使身膺斯责而不寻绎前人之成说，参考旧日之案情，但凭一己之心思，一时之见解，心矜则愎，气躁则浮，必至差以毫厘，谬以千里。往往一案之误，一例之差，而贻害无穷，岂不殆哉。《汇览》一书，固所以寻绎前人之成说以为要归，参考旧日之案情以为依据者也。晰疑辨似，回惑祛而游移定，故法家多取决焉。顾或者曰：今日法理之学，日有新发明，穷变通久，气运将至。此编虽详备，陈迹耳，故纸耳！余谓：理固有日新之机，然新理者，学士之论说也。若人之情伪，五洲攸殊，有非学士

> 之所能尽发其覆者。故就前人之成说而推阐之,就旧日之案情而比附之,大可与新学说互相发明,正不必为新学说家左袒也。[1]

这段话直接说出了他花那么多时间编辑这本书的目的。用今天学者们的语言来说,就是为他的付出做价值论证。己亥年(1899年),经过戊戌变法,“法理之学日有新发明”,新学已经出现。老知府虽然已届花甲(虚岁)之年,也知道中国已出现一种不同于传统的“新法理”。[2]但是,他还是不无顽固地说:“理固有日新之机,然新理者,学士之论说也。若人之情伪,五洲攸殊,有非学士之所能尽发其覆者。故就前人之成说而推阐之,就旧日之案情而比附之,大可与新学说互相发明,正不必为新学说家左袒也。”也就是说,这时的老知府,虽然知道从西方传入的时人所说的新“法理”,而且也不排斥这种外来的新“法理”,但是看重的仍然是传统的司法经验的价值。

但是,曾几何时,修订法律大臣沈家本就把老知府沈

---

〔1〕 沈家本:《刑案汇览三编序》,载(清)沈家本撰,邓经元、骈宇骞点校:《历代刑法考·附寄簃文存·卷六》,中华书局1985年版,第2225页。

〔2〕 按:据我的寡闻陋见,这里出现的“今日法理之学”中的“法理”,是近代中国最早出现的、用古代“法理”一词对接西方“法理”,含有西方“法理”意味的汉语新词。

家本的这种价值判断推翻了。丁未年,也就是公历1907年,《寄簃文存八卷》刊行,[1]收入1899年所写的这篇序。在这篇序文的末尾,修订法律大臣加上了我要引述的第二段话:

> 此编抄撮於京邸,编订於天津、保定两郡署,见者谓宜公诸世。余方筹剞劂之资,旋值庚子之变,事遂中辍。忽忽又八九年矣。今日修订法律之命,屡奉明诏,律例之删除变通者,已陆续施行。新定刑法草案,虽尚待考核,而事机相迫,施行恐亦不远。此编半属旧事,真所谓陈迹故纸也。芟薙之功,待诸来日。姑记其缘起於此。丁未仲冬。[2]

从八年前坚信前人“成说”、旧日“案情”有其特有价值,“大可与新学说互相发明”,到八年后认定这些“成说”“案情”为“陈迹故纸”。前后变化如此之大,很容易让人

〔1〕 按:1907年的《寄簃文存八卷》不同于《沈寄簃先生遗书》中的《寄簃文存八卷》。

〔2〕 沈家本:《刑案汇览三编序》,载(清)沈家本撰,邓经元、骈宇骞点校:《历代刑法考·附寄簃文存·卷六》,中华书局1985年版,第2226页。

怀疑:老知府是因为当了法律大臣,做了大官,为保官升官,作秀迎合新潮流。

当然这只是一种怀疑。既无根据,也不公道。就我个人的认识而言,我认为他的这种前后变化是“凤凰涅槃,浴火重生”。

20 世纪快要结束的时候,我写过一篇文章,题目叫作《保定教案与沈家本被拘考》,探讨的就是这个问题。我认为,影响他的思想快速剧烈变化的原因,很可能就是撰写《刑案汇览三编序》的前年和后年。己亥年写这篇序,这之前是戊戌年,这之后是庚子年。这是稍微知道一点中国近代史的人,都不可能不知道的年份。但是,一般人知道戊戌变法,却不一定知道变法前发生在保定北关外的教案,更不知道这个教案给保定老知府埋下的灾祸;知道庚子年有义和团、八国联军,有北京被占、慈禧西逃,却不一定知道洋鬼子南下、占领保定。因为戊戌年的北关外教案,老知府被关押四个多月,命悬一线,最后仅以身免。死里逃生的老知府,凤凰涅槃,浴火重生,做了修律大臣,为他所依托的王朝命运,为他所挚爱的国家,为他所亲见的同僚鲜血,为他个人所蒙受的屈辱,愤而激变。“公孙遗爱圣门推,论学原须并论才。国小邻强交有道,此人端为救时来。”这首脱离虎口不久,赞赏肯定春秋时期郑国子产铸刑鼎的诗，与其说是歌咏子产，毋宁说是他的自我述怀。只要知道铸刑鼎中叔向与子产的辩论，就不难明白“国小邻强交有道，此人端为救时来”的隐喻。更何况，他的修律大臣职位，与其说是慈禧太后任命的，毋宁说是法律制度的历史性转型把他推上去的。

庚子年的切肤之痛，使他主持法律改革以后，很快就接受了从海外传来的西方法。又由于他对中国传统法造诣的博大精深，他很快就明释西方法与我国传统法的差异。对这种差异，他虽然没有长篇大论的理论论证，但有明确的表述，而且往往一语中的。例如，关于中西审判制度，他说：

> 西国司法独立，无论何人皆不能干涉裁判之事。虽以君主之命，总统之权，但有赦免，而无改正。中国则由州县而道府，而司，而督抚，而部，层层辖制，不能自由。
>
> 西法无刑讯，而中法以考问为常。西法虽重犯亦立而讯之，中法虽宗室亦一体长跪。此中与西之不能同也。[1]

---

〔1〕　沈家本：《裁判访问录序》，载（清）沈家本撰，邓经元、骈宇骞点校：《历代刑法考 · 附寄簃文存 · 卷六》，中华书局1985年版，第2235页。

中西司法审判的差异如此,法治也是这样。在《新译法规大全序》中,他开篇就指出:

> 《管子》曰:"立法以典民则祥,离法而治则不祥。"又曰:"以法治国,则举措而已。"又曰:"先王之治国也,使法择人,不自举也。使法量功,不自度也。"其言与西人今日之学说,流派颇相近,是法治主义,古人早有持此说者,特宗旨不同耳。[1]

西方有法治,中国也有自己的法治。但是,中国自古就有的法治,与西方法治并不完全相同,只是"颇相似"。它们相似在什么地方呢?相似在"以法治国""使法择人""使法量功"等形式上。这种形式上的"相似",无法掩盖二者的"宗旨",亦即精神内核的天渊之别。二者的宗旨在什么地方呢?他论证说:

> 今者法治之说,洋溢乎四表,方兴未艾。……

---

〔1〕 沈家本:《新译法规大全序》,载(清)沈家本撰,邓经元、骈宇骞点校:《历代刑法考·附寄簃文存·卷六》,中华书局1985年版,第2242页。

> 或者议曰:以法治者,其流弊必入于申、韩,学者不可不慎。抑知申、韩之学,以刻核为宗旨,恃威相劫,实专制之尤。泰西之学,以保护治安为宗旨,人人有自由之便利,仍人人不得稍越法律之范围。二者相衡,判然各别。则以申、韩议泰西,亦未究厥宗旨耳。[1]

直到今天,西方学者对"法治"的解释仍然是言人人殊。但是,不管西方对法治有多少解释,西方法治不同于中国古代"法治",这是中外学者的共识。"以刻核为宗旨,恃威相劫,实专制之尤。"这是中国的传统法治。"以保护治安为宗旨,人人有自由之便利,仍人人不得稍越法律之范围。"这是西方法治。"二者相衡,判然各别。"对中西法治这种一言中的的区分,就当日而言,似乎连天才的言论骄子梁任公先生也稍逊一筹。这位花甲之年才开始通过翻译而接触西方法律的老翁,短短几句话,就使人洞若观火,实在无法不使人佩服他的法学知识之渊深,以及由此而来的洞察力。

---

〔1〕 沈家本:《法学名著序》,载(清)沈家本撰,邓经元、骈宇骞点校:《历代刑法考·附寄簃文存·卷六》,中华书局 1985 年版,第 2240 页。

正是由于这种思想的指导,所以,他反对当时国内的古今中西门户之见,力主博采古今中西的善法,改弦更张,制定适合中国国情的现代法,实行现代法治,以挽救国家民族的危亡:

> 方今世之崇尚西法者,未必皆能深明其法之原本,不过借以为炫世之具,几欲步亦步,趋亦趋。而墨守先型者,又鄙薄西人,以为事事不足取。[1]
>
> 夫古法之不同於今而不行於今,非必古之不若今,或且古胜於今。而今之人习乎今之法,一言古而反以为泥古,并古胜於今者而亦议之。谓古法之皆可行於今,诚未必然,谓古法皆不可行於今,又岂其然。西之於中,亦犹是耳。值事穷则变之时,而仍有积重难返之势,不究其法之宗旨何如,经验何如,崇尚者或拘乎其墟,而鄙薄者终狃於其故。[2]

---

〔1〕 沈家本:《裁判访问录序》,载(清)沈家本撰,邓经元、骈宇骞点校:《历代刑法考·附寄簃文存·卷六》,中华书局1985年版,第2235页。

〔2〕 沈家本:《裁判访问录序》,载(清)沈家本撰,邓经元、骈宇骞点校:《历代刑法考·附寄簃文存·卷六》,中华书局1985年版,第2236页。

总之,“立法以典民,必视乎民以为法而后可以保民。”“因民以为治,无古今中外一也。”因此,“我法之不善者当去之,当去而不去,是之为悖。彼法之善者当取之,当取而不取,是之为愚。夫必熟审乎政教风俗之故,而又能通乎法理之原。虚其心,达其聪,损益而会通焉,庶不为悖且愚乎。”[1]

具备这样的洞察力,能对中西法治做如此精辟的分析,他的价值取向不言自明:“近今泰西政事,纯以法治,三权分立,互相维持。其学说之嬗衍,推明法理,专而能精。”[2]泰西各国,“十九世纪以来,科学大明,而研精政法者,复朋兴辈作,乃能有今日之强盛,岂偶然哉。”[3]日本采用西法而强,“益知法治之说为不诬矣。”[4]奉行“法治”(Rule of Law)主义之意,跃然纸上。

---

〔1〕 沈家本:《裁判访问录序》,载(清)沈家本撰,邓经元、骈宇骞点校:《历代刑法考·附寄簃文存·卷六》,中华书局1985年版,第2236~2237页。

〔2〕 沈家本:《法学名著序》,载(清)沈家本撰,邓经元、骈宇骞点校:《历代刑法考·附寄簃文存·卷六》,中华书局1985年版,第2239页。

〔3〕 沈家本:《政法类典序》,载(清)沈家本撰,邓经元、骈宇骞点校:《历代刑法考·附寄簃文存·卷六》,中华书局1985年版,第2241页。

〔4〕 沈家本:《新译法规大全序》,载(清)沈家本撰,邓经元、骈宇骞点校:《历代刑法考·附寄簃文存·卷六》,中华书局1985年版,第2243页。

第二章　移植外国法，建构“现代法治”法律制度

理性的认识，不等于理论体系的建立，已届垂暮之年的老翁，虽然希望通过“法治”(Rule of Law)使中国和西方、日本一样强盛起来，然而他已没有精力为这个法治建构理论体系。他只能在职分范围内，通过“斗法”，[1]把自己的“法

---

[1] 沈氏女婿汪大燮有“改官制事，非变政，实斗法”之论，十分精当。晚清变法，实在是官僚争权“斗法”的大战场。沈家本如果没有“对中国官场逻辑的谙熟”，不会“斗法”，在当时的官场，恐怕寸步难行。

治”理想灌注到制度的建构中。这种建构是多方位的，第一步就是法律制度的变革。

晚清法律改革，虽然只有短短的十年，但是可以划分为两个阶段：1902 年到 1906 年的“新政”阶段，重点在于对旧律的改造，就沈家本的思想而言，改造旧律的目的，落脚点主要是收回领事裁判权；1906 年至 1911 年，由于宣布预备立宪，法律改革的重点在围绕“立宪”，制定适于新时代的新律。由于新律要到立宪之后才能实施，因此，这个阶段还必须继续改造旧律，使之成为立宪前的适用法律，因之有《大清现行刑律》的颁布施行。

这一阶段，沈家本在“折衷各国大同之良规，兼采近世最新之学说，而仍不戾乎我国历世相沿之礼教民情”思想的指导下，对传统封建法律进行大刀阔斧的改造。首先删除《大清律例》内“一时权宜”“无关引用”或“久经停止”，以及重复出现的例文 344 条。接着，以“治国之道以仁政为先”为据，削除凌迟、枭首、戮尸、缘坐、刺字等封建法律中最残酷最野蛮的部分，又以“中外法律最不相同者，莫如刑讯一端”，废除传统的刑讯制度（不彻底）；为削减死罪条目，以死罪条目大多“繁且重”，将有死罪之名，无死罪之实的戏杀、误杀、擅杀三项罪名，由死罪改为流徒；修改《秋审条款》，删除旧文，纂集新事，将原来的 185

条减为 165 条;以推行立宪,权力分立,行政不应干涉司法,奏请停止中央的九卿会审制和地方的督抚布政使会审制;依据西方"尊重人格"的思想,删除奴婢律例,奏请严格禁止买卖人口;以死刑在闹市当众执行有违"明刑弼教"之义,将死刑执行由公开改为秘密,由明刑转为隐刑;以"立法必先统于一,法一则民志自靖",奏请在法律上化除满汉畛域,删除《大清律例》内"满汉罪名畸轻畸重及办法殊异之处",使国内各民族适用同一法律;并以"万物之生机,必周流而始能便利",变通旗民不准与民人交换买卖土地的禁令,等等。宣统元年(公元 1909 年),吸收上述改革成果,通过删除、修改、修并、移改、续纂等方法,将《大清律例》改造而为《大清现行刑律》,沿用近 2000 年的笞、杖、徒、流、死五刑之名被废除。这部吸收了西方法精神的《大清现行刑律》,被时人和后人誉为中国古代法典中最进步的法典。

由于立宪需要法治,第二阶段的法律改革,是为立宪编制推行法治的法律文本,即制定各种现代法典。这一阶段,他的理想是为中国建造一个现代法治的制度框架,希望中国能因"法治"而强盛。这正是这个时段他的著述频频出现"法治",并对中西"法治"进行区分的原因。这不是我的推测,1907 年他被重新任命为修订法律大臣后所上的奏疏，说得十分清楚：

> 窃维法治主义为立宪各国之所同，编纂法典实预备立宪之要著。臣等自审懵昧，重任恭膺，仰窥宵旰之忧勤，环顾国民之殷望，夙夜祇惧，莫可名言。受命以来，逐日公同商酌，谨拟大概办法，为我皇太后、皇上敬陈之：
>
> 一参考各国成法，必先调查也。日本变法之初，调查编订阅十五年之久而后施行。就我国今日情势言之，较诸日本，益形迫切，而事关立法，又何敢稍涉粗疏。拟一面广购各国最新法典及参考各书，多致译材，分任翻译；一面派员确查各国现行法制，并不惜重资延订外国法律专家，随时咨问。调查明彻，再体察中国情形，斟酌编辑，方能融会贯通，一无捍格，此为至当不易之法。
>
> 一任用编纂各员宜专责成也。宪政编查馆原奏内称，分派提调、纂修等员及延聘东西法律名家各节，应俟开馆后，由该大臣等拟具章程，奏明办理等语。臣等悉心酌核，拟设提调二员，由臣等督饬筹办全馆事宜，一俟慎选得人，开单请旨简派，以昭郑重。此外纂修、协修各员，容臣等

甄择通才,奏调到馆。任用之方,以明定课程,优给薪水为主,总期有专责而无冗员,庶收指臂之助。聘用外国法学专家未可轻率,自当妥订合同,以防流弊。至体查中国礼教民情,所包者广,断非臣等之孤陋所能自信。拟略仿吏学馆章程,分省延请谘议官,待以宾师之礼,用资受教。

一馆中需用经费宜先筹定也。开办用款,如建设馆舍,添购书籍、印字机器等项,核实估计,约需银两万两。常年用款,如调查、翻译、薪水、纸张、印工、饭食等项,约计每年需银十万两。库储支绌,臣等固所深知,但使可从简略,讵敢稍涉铺张。惟是立法事宜关系全国,既非一手足之烈,亦非一朝夕之功,所有需用经费均系再三确核,力求撙节,无可再减。拟恳天恩饬下度支部照数拨给,俾臣等有所藉手,用竣开单奏销,咨部备案。以上三端皆切要之事,如蒙俞允,臣等自当殚竭心力,以冀有成。俟开馆后拟具章程,奏明办理。[1]

---

〔1〕 (清)朱寿朋编,张静庐等点校:《光绪朝东华录》(第五册),中华书局1958年版,第5765~5766页。

奏疏开篇就说“法治主义为立宪各国之所同，编纂法典实预备立宪之要著。”这种为各国立宪所同的“法治”，当然是从外面拿来的西方现代法治。编纂实行这种法治的法典，既然是“预备立宪之要著”，那么，编纂者就必须明白知道“西法之宗旨”，也就是西方法律的精神实质。而要知道西方法律的精神，就要研究西方的法律法学。要研究西方的法律法学，当时最重要的工作就是翻译外国的法律法学著作。用他的话说，就是“欲明西法之宗旨，必研究西人之学，尤以编译西人之书”。“参酌各国法律，首重翻译。”因此，翻译是“会通中西”的前提条件。因此，从修订法律馆开始工作之日起，他就极为重视外国法律法典和法学著作的翻译工作。不但不惜重金聘用专攻法政的回国留学生担任翻译，而且，为求译文准确信达，译员每译成一种法律，他都要与原译之员，“逐字逐句，反复研究，务得其解”，深恐翻译失实，而致采用有误。他对西方法律法学的了解，就是通过这种“逐学逐句，反复研究”而取得的。在他的主持下，修订法律馆终于在不到10年的时间里，把日、德、法、英、美、俄等世界主要国家的100多部法律、法典和法学著作，比较准确的翻译成中文，从而使法律改革取得必要的参照系，为中国法律走向世界奠定了文本基础。

仿照西方法律来制定新律,是晚清法律改革的重要任务,也是中国实行西方式法治的前提,用今天的话来说,就是要"有法可依"。在翻译研究外国法律已经取得一定成效的基础上,沈家本选定日本法律,把日本明治维新后仿照欧法而制定的新法作为楷模,聘请日本法律专家为顾问,排除守旧派的各种干扰,完成了《刑事民事诉讼法》《破产律》《大理院审判编制法》《法院编制法》《大清新刑律》《大清刑事诉讼律》《大清民事诉讼律》《违警律》《国籍条例》《大清民律》《大清商律》等法律和法典的起草。这些草案,有的经过反复修改后由清廷颁布,作为正式立宪后的法律实施;有的则因清朝被推翻而仍为草案。颁布的法典,在民国成立之后大多被修改而施行,草案则被继续反复修改,成为后来立法的蓝本。

"法治国"首先要有现代法治之法律文本。以上新法,无论是已经颁布实施的法律、法典,还是草案稿本,也无论清帝国的当政者们搞的是真立宪还是假立宪,这些白纸黑字写着的法律文本,都是为现代法治制定的法案。经过激烈的争论,现代法治必备的人权保障、罪刑法定、司法独立等基本价值,一一写入文本,并成为这些文本的精髓。下面我们将逐一加以论述。

第三章　删除援引比附，确立罪刑法定

罪刑法定作为一种理念，在1215年的英国《大宪章》里，首次以法律的形式进行表达。大宪章第39条规定："凡自由民非经其贵族依法判决或遵照国家法律的规定，不得加以拘留、监禁、没收其财产、剥夺其法律保护权或加以放逐、伤害、搜索或逮捕。"这一规定，后来发展为英美法系的"未经法律正当程序，不得剥夺任何人的生命、自由或财产"（美国《宪法修正案》第5条）的"正当的法律程序”模式和以1810年法国《刑法典》为代表的“无论违警、轻罪或重罪,不得判处犯罪前法律未规定的刑罚”(1810年法国《刑法典》第4条)大陆法系模式。罪刑法定作为近代西方刑法的一项基本原则,代表着对罪刑擅断的彻底否定。对此,费尔巴哈明确表达为:无法律则无刑罚,无犯罪则无刑罚,无法律规定的刑罚则无犯罪(Nulla poena sine lege, Nulla poena sine crime, Nullum Crimen sine poena legali)。罪刑法定原则的基础是三权分立的理论和费尔巴哈的心理强制说。前者代表着对人权的保障,后者立足于犯罪的预防。

按照刑法理论的通说,罪刑法定在大陆国家有如下含义:(1)刑法应以制定法为依据,排斥习惯法;(2)刑法不得类推解释或类推适用;(3)刑法不得溯及既往;(4)刑法不得有绝对的不定期刑。[1]

一、土生土长的中国罪刑法定

中国学界中的一些学者,一直认为我国古代就有罪刑法定原则。就罪刑法定的形式而言,中国古代法律中

---

〔1〕 参见何秉松:《刑法教科书》,中国法制出版社1997年版,第52~61页;曲新久:《刑法的精神与范畴》,中国政法大学出版社2000年版,第358~421页。本段内容由陈新宇博士提供。

确有相似规定。由思想变为法律条款，它的变化过程大体如下：

《晋书·刑法志》刘颂疏曰：

> 宜立格为限，使主者守文，死生以之，不敢错思於成制之外以差轻重，则法恒全。事无正据，名例不及，大臣论当，以释不滞，则事无阂。至如非常之断，出法赏罚，若汉祖戮楚臣之私己，封赵氏之无功，唯人主专之，非奉职之臣所得拟议。然后情求傍请之迹绝，似是而非之奏塞，此盖齐法之大准也。

又云：

> 又律法断罪，皆当以法律令正文。若无正文，依附名例断之。其正文名例所不及，皆勿论。法吏以上，所执不同，得为异议。如律之文，守法之官，唯当奉用律令。至於法律之内所见不同，乃得为异议也。今限法曹郎令史，意有不同为驳，唯得论释法律，以正所断，不得援求诸外，论随时之宜，以明法官守局之分。

刘颂的这种思想是否变为法律条款?《晋律》亡佚,不得而知。而现存的《唐律·名例》则有"断罪无正条"这一条款:

> 诸断罪而无正条,其应出罪者,则举重以明轻。[疏]议曰:断罪无正条者,一部律内,犯无罪名。"其应出罪者",依贼盗律:"夜无故入人家,主人登时杀者,勿论。"假有折伤,灼然不坐。又条:"盗缌麻以上财物,节级减凡盗之罪。"若犯诈欺及坐赃之类,在律虽无减文,盗罪尚得减科,余犯明从减法。此并"举重明轻"之类。其应入罪者,则举轻以明重。[疏]议曰:案贼盗律:"谋杀期亲尊长,皆斩。"无已杀、已伤之文,如有杀、伤者,举始谋是轻,尚得死罪,杀及谋而已伤是重,明从皆斩之坐。又例云:"殴告大功尊长、小功尊属,不得以荫论。"若有殴告期亲尊长,举大功是轻,期亲是重,亦不得用荫。是"举轻明重"之类。[1]

---

[1] 刘俊文点校:《唐律疏议》,法律出版社1999年版,第145~146页。

到了宋代，《宋刑统·名例律》则有“断罪本条别有制与例不同（举重明轻）”的规定：

> 诸本条别有制，与例不同者，依本条。……［疏］诸断罪而无正条，其应出罪者，则举重以明轻。［议曰］断罪无正条者，一部律内，犯无罪名。其应出罪者，依贼盗律：“夜无故入人家，主人登时杀者，勿论。”假有折伤，灼然不坐。又条：“盗缌麻以上财物，节级减凡盗之罪。”若犯诈欺及坐赃之类，在律虽无减文，盗罪尚得减科，余犯明从减法。此并“举重明轻”之类。又云，其应入罪者，则举轻以明重。［议曰］案盗贼律：“谋杀周亲尊长，皆斩。”无已杀、已伤之文，如有杀、伤者，举始谋是轻，尚得死罪，杀及谋而已伤是重，明从皆斩之坐。又例云：“殴告大功尊长、小功尊属，不得以荫论。”若有殴告周亲尊长，举大功是轻，周亲是重，亦不得用荫。是“举轻明重”之类。[1]

[1] 薛梅卿点校：《宋刑统》，法律出版社1999年版，第110～111页。

《大明律·名例律》曰:

"凡律令该载不尽事理,若断罪而无正条者,引律比附。应加应减,定拟罪名,转达刑部,议定奏闻。若辄断决,致罪有出入者,以故失论。"[1]

《大清律例·名例律》曰:

"凡律令该载不尽事理,若断罪而无正条者,(援)引(他)律比附。应加应减,定拟罪名,(申该上司)议定奏闻。若辄断决,致罪有出入者,以故失论。"

条例:

引用律例,如律内数事共一条,全引恐有不合者,许其止引所犯本罪。若一条止断一事,不得任意删减,以致罪有出入,其律例无可引用援引别条比附者,刑部会同三法司公同议定罪名,

〔1〕 怀效锋点校:《大明律》,法律出版社1999年版,第23页。

于疏内声明“律无正条，今比照某律、某例科断，或比照某律、某例加一等、减一等科断”，详细奏明，恭候谕旨遵行。若律例本有正条，承审官任意删减，以致情罪不符，及故意出入人罪，不行引用正条，比照别条，以致可轻可重者，该堂官查出即将该承审之司员指名题参，书吏严拿究审，各按本律治罪。其应会三法司定拟者，若刑部引例不确，许院、寺自行查明律例改正。倘院、寺驳改犹未允协，三法司堂官会同妥议。如院、寺扶同朦混，或草率疏忽，别经发觉，将院、寺官员一并交部议处。[1]

以上是我国传统罪刑法定思想和法条的主要内容。各级官吏断案，确定罪与非罪、轻罪重罪，必须依据法律，援引相关的法律条款。如果没有相关的对应条款，则援引类似条款，上报中央刑部，最后由皇帝裁定。这种罪刑法定最明显的特征，就是与比附援引相联结（这种比附援引弊病很多，沈家本曾予严厉批评。详后。）。这就是我国学界所说的传统的罪刑法定。这种罪刑法定，与西方

〔1〕 田涛、郑秦点校：《大清律例》，法律出版社1999年版，第127～128页。

的罪刑法定相较,虽然在“依法断罪”(用章太炎先生话说,则是“刑罚依科,执法为齐”)这种形式上有相通之处,但在价值取向上则截然相反。这一点,蔡枢衡先生在他的《中国刑法史》中说得非常透彻:

> 不论是为统一司法意志和行为,或为保护百姓正当权利,都有采用罪刑法定主义的必要。可见这个罪刑法定主义原则实是近代法治和民主思想在刑法上的表现。过去的罪刑法定主义都是对官吏强调君权;这次的罪刑法定主义却是破天荒第一次对君和官强调民权。刑法是立法机关通过一定的程序制定的法律,不再是统治者恣意的命令,实际上成了保护犯人的大宪章。[1]

二、用土还是用洋:改革中的争论

不同的价值取向,必然引发激烈的争论。

近代中国最早向国人介绍罪刑法定原则的是维新思想家黄遵宪。19 世纪 90 年代初,他的《日本国志 · 刑法

---

〔1〕 蔡枢衡:《中国刑法史》,广西人民出版社 1983 年版,第 131 ~ 132 页。

志》面世。1881年日本明治维新后最早颁布的脱亚入欧法《治罪法》和《刑法》是这部《刑法志》的全部内容。《刑法》第2条，黄遵宪将它翻译为："法律无正条，虽所为有不合者，不得遽行其罚。"条文后面，黄遵宪解释说："刑法为一国公法，官民所共守，未有正条而处罚之，似为非理。然而旧法条例未备，不得不别设不应为一律，以备临时酌议。新法既删除此条，并明示此语，所以防滥纵也。"很明显，这是一个关于罪刑法定原则的条款。但是，条文的翻译不准确，解释也有问题。首先，"似为非理"显得底气不足；"不应为"是《大清律例》中少有的概括性较强的条款，[1]类似"口袋罪"。日本过去抄用中国刑律，将该文引入。其次，由于时代的特殊性（中国近代法学尚未起步）和自身的学术渊源（法学非其专长），他用新法"删除此条，并明示此语，所以防滥纵也"来解读这一源自法国的罪刑法定条款，表明他并不完全理解罪刑法定原则背后对罪刑擅断的否定的深意，以及三权分立的理论背景。

晚清立法引进罪刑法定的第一部法典是1906年出台的《刑事民事诉讼法草案》。该草案第76条规定："凡

---

〔1〕《大清律例·杂犯》"不应为"："凡不应得为而为之者，笞四十；事理重者，杖八十。律注：律无罪名，所犯事有轻重，各量情而坐之。"

裁判均须遵照定律,若律无正条,不论何项行为,不得判为有罪”。但是,这一草案条款,立即遭到湖广总督张之洞的严厉批评。他在《遵旨复议新编刑事民事诉讼法折》中说:

> 《春秋》比事,不废属辞,折狱引经,备传往哲。且断罪无正条例内曾载明,律例无可引用援引别条比附者,於疏内声明“律无正条,今比照某律、某例科断,或比照某律、某例加一等、减一等科断”,详细奏明,恭候谕旨遵行。雍正十一年始定此例,近年咨案亦且援引。无非为情伪无穷,科条所不及者,则比附定拟以提防之。若因律无正条,不论何项行为概置不议,虽循东西各国之律,施诸中国,适开刁徒趋避之端,恐为法政废弛之渐。[1]

《刑事民事诉讼法草案》,因部院督抚大臣的反对而寝。1907 年,《大清新刑律草案》完稿上奏。这是一部西方化的法典草案。法律馆在奏疏中陈述的对旧律的五项

---

〔1〕《张文襄公全集》卷六十七,《奏议》六十九。

改革中,其中一项就是删除比附:[1]

> 一曰删除比附。考《周礼·大司寇》有悬刑象于象魏之法,又小司寇之宪刑禁,士师之掌五禁,俱徇以木铎。又布宪执旌节,以宣布刑禁,诚以法者,与民共信之物,故不惮反覆申告,务使椎鲁互相警诫,实律无正条不处罚之明证。《汉书·刑法志》:"高帝诏:狱疑者廷尉不能决,谨具奏,附所当比律令以闻。"此为比附之始,然仅限之于疑狱而已。至隋著为定例,即唐律出罪者举重以明轻,入罪者举轻以明重是也。明律改为引律比附加减定拟,现行律同。在唐神龙时,赵冬曦曾上书痛论其非,且曰:"死生罔由于法律,轻重必因乎爱憎,受罚者不知其然,举事者不知其法。"诚为不刊之论。况定例之旨,与立宪尤为抵捂。立宪之国,立法、司法、行政三权鼎峙,若许署法者以类似之文致人于罚,是司法而兼立法矣。其弊一。人之严酷慈祥,各随禀赋而异,因律无正条而任其比附,轻重偏

[1] 按:其他四项是更定刑名、酌减死罪、死刑唯一、惩治教育。

畸,转使审判不能统一。其弊又一。兹拟删除此律,而各刑酌定上下之限,凭审判官临时审定,并别设酌量减轻、宥恕减轻各例,以补其缺。虽无比附之条,而援引之时,亦不致为定例所缚束。论者谓,人情万变,断非科条数百所能赅载者。不知法律之用,简可驭繁。例如谋杀应处死刑,不必问其因奸、因盗,如一事一例,恐非立法家逆臆能尽之也。[1]

据此,新律草案用两个条文,来表述舶来的西方罪刑法定:

第1条:本律於凡犯罪在本律颁行以后者适用之。其颁行以前未经确定审判者亦同。但颁行以前之法律不以为罪者不在此限。

理由:本条定刑法效力之关于时者。

第一项规定本于刑法不溯既往之原则,与第十条规定采用律无正条不处罚之原则,相辅

〔1〕 故宫博物院明清档案部编:《清末筹备立宪档案史料》(下),中华书局1979年版,第848页。

而行，不宜偏废也。

第二项前半指犯罪施行前，审判在施行后，定新旧二律之中，孰当引用也。关于本题之立法例有二，一为比较新旧二法，从其轻者处断之主义。法国刑法第四条，比国刑法第二条，德国刑法第二条，匈牙利刑法第二条，荷兰刑法第一条第二项，纽约刑法第二条，日本现行刑法第三条第二项，日本改正刑法第六条，意国刑法第二条第三项，布加利亚刑法第二条第二项，挪威刑法第三条等，皆本乎是。二即不分新旧二法，概从新法处断之主义。英国用之，我国明律亦主此义。本朝虽有第一主义之例，然律之本文仍有犯在已前并依新律拟断之规定。议者谓被告犯罪之时已得有受当时法律所定之刑之权利，诚如此说，应一概科以旧律之刑，不应复分新旧二律之轻重也。况臣民对于国家，并无所谓有受刑权利之法理也。或又谓若使新律重于旧律，而旧律时代之犯人科以新律之重刑，则与旧律时代受旧律轻刑之同种犯人相较，似失其公平。诚如此说，则使新律施行之后，仅此旧律时代之同种犯人科以旧律之轻刑，彼新律时代之犯人据新律而科重刑者,若互相比较,则又失其公平矣。若又谓刑失之严不如失之宽,从新律之轻者,所以为宽大也。然刑不得为沽恩之具,非可严亦可宽者。夫制定法律,乃斟酌国民之程度以为损益,既经裁可颁布,即垂为一代之宪章,不宜复区别轻重宽严也。欧美及日本各国多数之立法例,所以采用第一主义者,盖受法国刑法之影响。而法国刑法之规定,则其时代之反动耳,于今日固无可甄择者。我国自古法理,本有第二主义之立法例,此本案所以不与多数之例相雷同,而仍用第二主义也。第二项后半颁行以前之律例不为罪者,不在此限,其旨与前微异。盖一则新旧二律俱属不应为之罪恶,不过轻重之差。一则新律虽为有罪,而旧律实认许其行为,因判决在后,遽予惩罚,有伤谿刻也。[1]

第10条:凡律例无正条者,不论何种行为不得为罪。

---

〔1〕《大清光绪新法令》(第十九册),商务印书馆印行,第29~30页。

理由：本条所以示一切犯罪须有正条乃为成立，即刑律不准比附援引之大原则也。凡刑律於正条之行为，若许比附援引及类似之解释者，其弊有三：

第一，司法之审判官，得以己意，於律无正条之行为，比附类似之条文致人於罚。是非司法官，直立法官矣。司法立法混而为一，非立宪国之所应有也。

第二，法者与民共信之物。律有明文，乃知应为与不应为。若刑律之外，参以官吏之意见，则民将无所适从。以律无明文之事，忽援类似之罚，是何异於以机穽杀人也。

第三，人心不同亦如其面。若许审判官得据类似之例科人以刑，即可恣意出入人罪。刑事裁判难期统一也。

因此三弊故，今惟英国视习惯法与成文法为有同等效力。此外欧美及日本各国，无不以比附援引为例禁者，本案故采此主义，不复袭用旧例。[1]

---

〔1〕《大清光绪新法令》（第十九册），商务印书馆印行，第35页。

至此，传统的援引比附退出国家法。现代意义上的罪刑法定，第一次在中国的国家大法草案中，成为正式条文。这种变化使“难者蜂起”。反对意见大致可归纳为三类：第一，虽说比附援引容易造成轻重失衡，但它毕竟是有所依据，而现在由审判官临时判断，一来没有限制，二来审判官的自身水平有限，同样会轻重失衡，造成出入人罪。第二，法条有限，情伪无穷，删除比附，无法更好地规范犯罪。第三，针对立宪国所要求的行政、司法分离，认为比附仍属司法，而新律给予审判官酌量轻重的权力，却是司法、行政合而为一。

特别是军机大臣张之洞，坚持援引比附不可废，西方罪刑法定不可用。理由略谓：

> 又原奏删除比附一条，尤为矛盾。据称比附易启意为轻重之弊，此诚不免。但由审判官临时判断，独不虞其意为轻重耶？引律比附，尚有依据，临时判断，直无限制。即如罚金一项，多或数千元，少或数十元，上下更易，出入必多。且所定各条，多有同一罪而定三种之刑，悉任裁判官定拟，范围太广，流弊甚大。此比附之未可

尽除也。[1]

针对这种局面，沈家本撰写《论断罪无正条》一文，援古证今，剖析援引比附的产生和弊害，从根本上批驳了保留这一制度的论据，阐述了采用西方罪刑法定的必要性和可行性。这是一篇采用西方罪刑法定的宣言书。这篇文章，最早发表在《法学会杂志》上，沈家本去世后该文被收入《历代刑法考·明律目笺》中。照录全文如下：

断罪无正条

断罪无正条，用比附加减之律，定於明而创於隋。国朝律法承用前明，二百数十年来，此法遵行勿替。近来东西国刑法皆不用此文，而中国沿习既久，群以为便，一旦议欲废之，难者蜂起，而未考古人之议此律者正非一人也。今汇录众说，而附以管见如左。

《书·吕刑》："上下比罪，无僭乱辞。"《传》："上下比方其罪，无听僭乱之辞以自疑。"

[1] 《学部覆奏新刑律草案有妨礼教折》，载（清）刘锦藻撰：《皇朝续文献通考·卷二百四十七·刑考六·刑制》，民国影印十通本。

《疏》："罪条虽有，多数犯者未必当条。当取故事并之，上下比方其罪之轻重，上比重罪，下比轻罪，观其所犯当与谁同。"《蔡传》："比，附也。罪无正律，则以上下刑而比附其罪也。"夏氏僎曰："上下比罪，谓於法无此条，则上比重罚，下比轻罚，上下相比，观其所犯当与谁同，然后定其轻重之法。如今律无明文则许用例也。"孙氏继有曰："罪而曰比，则廷评无一成之议，或有惑於人言而妄为比附者，爰书无一定之条，或有泥於古法而强为比附者，皆非用法之公。故戒其勿僭勿用，而以惟察审克者勉之。"

按：蔡氏、夏氏之说，谓上下比罪，即今律无正条，比附定拟也。然此句承上句"五刑之属三千"之下，初不见有罪无正律之意，若以经文有一比字，即谓系比附定罪，似非经旨。孔疏云：犯者未必当条，较为得之。五刑之属三千，而一条之中，其刑罪亦不一。如谋杀人也，有已杀、已伤、已行之分，有造意、加功、不加功之别。上比於已杀或造意，则为重罪，下比於已行或不加功，则为轻罪。各条之中，莫不皆然。必令刑当其罪，乃无失刑，此不可不上下比方其轻重也。

更考比字之义:次也,《周礼·世妇》注。校也,《周礼·大胥》注。例也,《礼记·王制》注。类也,《史记·天官书》正义。比方也,《国语·齐语》注。类例也,《后汉书·桓谭传》注。以例相比况也,《汉书·刑法志》注。谓相比附也,《汉书·陈汤传》注。已行故事曰比。《礼记·月令》疏。韵书或分上、去二声,其义实相引伸而出。《史记·张苍传》:"及以比定律令。"《集解》:"瓒曰:谓以比故取类,以定法律与条令也。"《正义》:"比音鼻,或音必履反,谓比方。"《汉书·苍传》注如淳曰:"比音比次之比。"比方,比次,其义不殊。定律令者以比,与定罪者以比,其事亦不殊。《说文》:"例,比也。"例与比相转注。孙奭《律音义》曰:"统凡之谓例,例以统凡,而必以类相比而后成,故亦谓之类例。决事者必以例相比况,相比附,以比而成为故事,故决事之书曰决事比,皆已行之故事也。求之古义,固未有比附他律之说。然则此经仍当释以古义,岂得以一比字而强以今义附会之。"孙氏言比附之弊,颇为得之。盖妄为比附,则必至逞其私见,而挟仇陷害,酷刑锻炼之风作,罗钳吉网,受害者将无穷已。强为此附,则必至徇於众议,而文致周内之习成。五过之疵,惟官、惟反、惟内、惟货、惟来,何所不有。法令不一,冤滥滋多,可不慎欤!

《王制》:“附从轻。”注:“附,施行也。求出之,使从轻。”疏:“施刑之时,此人所犯之罪在轻重之间,可轻可重,则当求可轻之刑而附之,则罪疑惟轻是也。”郝氏敬曰:“比例无正律曰附,从轻以防冤。”

按:郝氏之说,亦以今义释古经也。此句与下句“赦从重”相对待,自以郑说为是。陈氏澔《集说》亦用施刑之义,所谓“与其杀不辜,甯失不经也”。欧阳崇公曰:“求其生而不得,则死者与我皆无恨也。”即此义。郝说未是,因一附字,遂以比例为说。《周礼·小司寇》:“附於刑,用情讯之”,亦可以比例为说乎?

“疑狱,汎与众共之,众疑赦之,必察小大之比以成之。”注:“小大,犹轻重。已行故事曰比。”《释文》:“比,必利反,例也。”疏:“此言虽疑而赦之,不可直尔而放,当必察按旧法轻重之例,以成於事。”《集说》:“小者有小罪之比,大者有大罪之比，察而成之，无往非公也。”

按：比即决事比之比。小大必察，亦即上下比罪之意。

《周礼·秋官·大司寇》：“正月之吉，始和，布刑於邦国都鄙，乃县刑象之法於象魏，使万民观刑象，挟日而敛之。”《小司寇》：“正岁，帅其属而观刑象，令以木铎，曰不用法者，国有常刑。令群士，乃宣布於四方，宪刑禁。”注：“宣，遍也。宪，表也，谓悬之也。刑禁，士师之五禁。”“士师之职，掌国之五禁之法，以左右刑罚，一曰宫禁，二曰官禁，三曰国禁，四曰野禁，五曰军禁。皆以木铎徇之於朝，书而县於门闾。”“布宪，掌宪邦之刑禁。正月之吉，执旌节以宣布於四方，而宪邦之刑禁，以诘四方邦国，及其都鄙，达於四海。”注：“宪，表也，谓县之也。司寇正月布刑於天下，正岁又县其书象魏。布宪於司寇布刑，则以旌节出宣令之，於司寇县书，则亦县之於门闾及都鄙邦国。刑者，王政所重，故屡丁宁焉。”

按：刑象县诸象魏，刑禁县於门闾，使万民观之，而又有士师木铎之徇，布宪旌节之宣，不惮反复申戒，务使万民共知之而共守之，其不得於所县、所观、所徇、所宣之外,尚有施刑之法可知也。若律无正条,而仍有刑,是不信於民也,古先王当不出此。

《左传·昭六年》:"三月,郑人铸刑书。叔向使贻子产书曰:'民知有辟,则不忌於上。并有争心,以征於书,而徼幸以成之。'又曰:'民知争端矣,将弃礼而征於书,锥刀之末,将尽征之。'"

按:叔向之讥子产也,从源头说下,其陈议甚高,与《周礼》县象之制不合。第观其弃礼征书及争锥刀之末等语,是书之外不得更有刑也。可见春秋之时,尚无比附他律之事。

《汉书·刑法志》:"高皇帝七年,制诏御史:'狱之疑者,吏或不敢决,有罪者久而不论,无罪者久系不决。自今以来,县道官狱疑者,各谳所属二千石官。二千石官以其罪名当报之。师古曰:当,谓处断也。所不能决者,皆移廷尉,廷尉亦当报之。廷尉所不能决,谨具为奏,傅所当比律令以闻。师古曰:傅,读曰附。'"

按:此诏虽未言律无正条,而既为疑狱,其中必有无正条而难以处断者。曰傅,曰比,比附律令之法实始见於此。孝景中五年诏曰："诸狱疑，虽文致於法，而於人心不厌者，辄谳之。"夫曰"文致於法"，其非律有明条而灼然无疑者，亦可见矣。第此法专为疑狱言，他未用耳。

"及至孝武即位，外事四夷之功，内盛耳目之好。征发烦数，百姓贫耗，穷民犯法，酷吏擊断，奸轨不胜。於是招进张汤、赵禹之属，条定法令，作见知故纵、监临部主之法。缓深故之罪，急纵出之诛。其后奸猾巧法，转相比况，禁罔寖密。律令凡三百五十九章，大辟四百九条，千八百八十二事，死罪决事比万三千四百七十二事。师古曰：比，以例相比况也。文书盈於几阁，典者不能遍睹。是以郡国承用者驳，或罪同而论异。奸吏因缘为市，所欲活则傅生议，所欲陷则予死比。师古曰：傅读为附。议者咸冤伤之。"

按：奸猾巧法，转相比况。此真以他律相比附矣。巧法出於奸猾，其律无明文可知。罪同论异等语，本於桓谭。其流弊如此，当时冤伤之，而后世尚奉为金科玉律。何也？

"至成帝河平中，复下诏曰：《甫刑》云：'五刑之属三千,大辟之罚其属二百。今大辟之刑千有余条,律令繁多,百有余万言,奇请它比,日以益滋,自明习者不知所由。欲以晓谕众庶,不亦难乎。於以罗元元之民,夭绝亡辜,岂不哀哉!'师古曰:奇请,谓常文之外,主者别有所请以定罪也。它比,谓引它类以比附之,稍增律条也。奇音居宜反。邱濬曰:奇请它比,分破律条,妄生端绪。舞弄文法,巧诋文致。意所欲生,即援轻比,意欲其死,即引重例。上不知其奸,下莫测其故,此民所以无所措手足,网密而奸不塞,刑繁而犯愈多也。"

按:奇请它比,当时不独用以定罪,且用以增律条矣。故武帝时大辟四百九条,此时多至千有余条也。元元之民,夭绝亡辜。诏文方以为哀,而隋时竟纂为律,唐、宋相承迄於今。在定律者自具有深意,而流弊则不可殚述矣。

《后汉书·桓谭传》:"陈时政所宜,曰:'又见法令决事,轻重不齐,或一事殊法,同罪异论。奸吏得因缘为市,所欲活则出生议,所欲陷则与死比,是为刑开二门也。今可令通义理明习法律者,校定科比。注:科谓事条,比为类例。一其法度，班下郡国，蠲除故条。如此，天下知方，而狱无怨滥矣。’书奏不省。”

按：同罪异论等语，班氏采入《刑法志》中。所欲活则出生议，所欲陷则与死比。比附他律之弊，两语赅之矣！

《晋书·刑法志》：“刘颂上疏曰：‘上古议事以制，不为刑辟，夏、殷及周，书法象魏。三代之君齐圣，然咸弃曲当之妙鉴，而任征文之直准，非圣有殊，所遇异也。今论时敦弊，不及中古，而执平者欲通情之所安，自托於议事以制。臣窃以为听言则美，论理则违。然天下至大，事务众杂，时有不得悉循文如令。故臣谓宜立格为限，使主者守文，死生以之，不敢错思於成制之外，以差轻重，则法恒全。事无正据，名例不及，大臣论当，以释不滞，则事无阂。至如非常之断，出法赏罚，若汉祖戮楚臣之私己，封赵氏之无功，唯人主专之，非奉职之臣所得拟议。然后情求傍请之迹绝，似是而非之奏塞，此盖齐法之大准也。’又云：‘又律法断罪，皆当以法律令正文。若无正文，依附名例断之。其正文、名例所不及，皆勿论。法吏以上，所执不同，得为异议。

如律之文,守法之官,唯当奉用律令。至於法律之内,所见不同,乃得为异议也。今限法曹郎令史,意有不同为驳,唯得论释法律,以正所断,不得援求诸外。论随时之宜,以明法官守局之分。'诏下其事,侍中太宰汝南王亮奏,以为:'周县象魏之书,汉咏画一之法,诚以法与时共,义不可二。宜如颂所启,为永久之制。'"

按:颂疏后段所言,今东西国之学说正与之同。可见此理,在古人早已言之,特法家之论说无人参究,故称述之者少耳。至前段所言,欲主者守文,大臣论当,为事无正据,名例不及者开一方便之门。然必大臣明於法律,方能释滞而事无阂。否则任情专断,安得皆公。仍不若大臣小吏,各守其局,庶法可一也。

《隋志》:"后齐平秦王高归彦谋反,须有约罪,律无正条,於是遂有《别条权格》,与律并行。大理明法,上下比附,欲出则附依轻议,欲入则附从重法,奸吏因之,舞文出没。"

按:《志》所言,可见《北齐律》初无上下比附之文,故特设《别条权格》,与律并行也。《志》言其弊如此,后世当知所从矣。

《周书·宣纪》："宣政元年八月，诏制九条，宣下州郡，一曰决狱科罪，皆准律文。"

按：科罪准律，则律无文者不得科罪，不待言矣。

《唐律》："诸断罪而无正条，其应出罪者，则举重以明轻。《疏议》曰：断罪无正条。一部律内，犯无罪名。其应出罪者，依《贼盗律》，夜无故入人家，主人登时杀者，勿论。假有折伤，灼然不坐。又条，盗缌麻以上财物，节级减凡盗之罪。若犯诈欺及坐赃之类，在律虽无减文，盗罪尚得减科，余犯明从减法。此并举重明轻之类。其应入罪者，则举轻以明重。《疏议》曰：案《贼盗律》，谋杀期亲尊长皆斩，无已杀、已伤之文。如有杀伤者，举始谋是轻，尚得死罪。杀及谋而已伤是重，明从皆斩之坐。又例云：殴告大功尊长、小功尊属，不得以荫论。若有殴告期亲尊长，举大功是轻，期亲是重，亦不得用荫。是举轻明重之类。"

按：《唐律》此文本於开皇，乃用律之例，而非为此附加减之用也。观《疏议》所言，其重其轻皆於本门中举之，而非取他律以相比附。故或轻或重仍不越乎本律之范围。其应出者,重者且然,轻者更无论矣。其应入者,轻者且然,重者更无论矣。其宗旨本极平恕,而赵冬曦犹讥之,矧《明律》之宗旨与《唐律》又不同哉!

《唐律·擅兴门》:"主将临阵先退条:即违犯军令,军还以后,在律有条者,依律断,无条者,勿论。"又,《断狱门》:"即赦书定罪合从轻者,又不得引律比附入重。"

按:此明言不得比附者也。是唐时虽有比附之事,而限制甚严。

又,《名例》:"官户部曲条:诸官户、部曲、官私奴婢有犯,本条无正文者,各准良人。"又,《鬬讼门》:"部曲奴婢良人相殴条:良人、部曲奴婢私相犯,本条无正文者,并准此。"

按:此律明言无正文者,定一准法,其於比附之事,盖慎之又慎矣。

《旧唐书·刑法志》:"永徽六年七月,上谓侍臣曰:'律通比附,条例太多。'左仆射志宁等对:'旧律多比附断事,乃稍难解。科条极众,数至三千。隋日再定,惟留五百,以事类相似者,比附科断。今日所停,即是参取《隋律》修易,条章既少，极成省便。’”

按：据此条，则唐时以事类相似者比附科断，实有明文，第断罪无正条律内，言之未详耳。

《唐书·赵冬曦传》：“神龙初，上书曰：‘古律条目千余，隋时奸臣侮法，著律曰律无正条者，出罪举重以明轻，入罪举轻以明重，一辞而废条目数百。自是轻重沿爱憎，被罚者不知其然，使贾谊见之，恸哭必矣。夫法易知则下不敢犯而远机阱，文义深则吏乘便而朋附盛。律令格式，谓宜刊定科条，直书其事。其以准加减、比附量情，及举轻以明重不应为之类，皆勿用。使愚夫愚妇相率而远罪，犯者虽贵必坐。律明则人信，法一则主尊。’当时称是。”

按：冬曦书中有比附量情之语，是《唐律》虽无此文，而当时实有此法。故有轻重沿爱憎之讥，诚至论也。至并以准加减而亦议之，则所见稍偏。以准加减，并有一定不移之差等，非可轻重随意也。

《庆元条法事类》七十三：“断狱令。诸断罪无正条者，比附定刑，虑不中者，奏裁。”

按：比附定刑，宋世竟著之《令甲》中。

《金史·刑志》:“大定九年,因御史台奏狱事,上曰:‘近闻法官或各执所见,或观望宰执之意。自今制无正条者,皆以律文为准。’”

按:金代承用唐、宋刑法,而制无正条者一以律文为准,其不得用他律比附,灼然无疑。是中国本有此法。晋刘颂议之於前,金世宗行之於后,初不始於今东西各国也。世宗为金源一代令主,大定之世,其国人有小尧舜之号,而特颁诰诫如此,岂非深悉其弊哉!

《明律》:“凡律令该载不尽事理,若断罪而无正条者,引律比附,应加应减,定拟罪名,转达刑部,议定奏闻。若辄断决,致罪有出入者,以故失论。”《琐言》曰:“今问刑者於死罪比附类皆奏闻,流徒以下比附鲜有奏者,安得罪无出入也哉?虽无出入,犹当以事应奏不奏论罪,其不思也夫!”《笺释》曰:“应加应减,如京城门锁钥,守门者失之,於律止有不下销之文,是该载不尽。须知锁钥与印信、夜巡铜牌俱为关防之物,今既遗失,事与彼同,许其比附。”

按:引律比附,应加应减定拟,此明改《唐律》之文,与《唐律》之举重明轻、举轻明重,其宗旨遂不同矣。而又申之曰：议定奏闻，若辄断决，致罪有出入者，以故失论者，亦明知比附之流弊滋多，故特著此文，以为补救之法。而孰知沿习既久，问刑者辄行断决，有如《琐言》之所言哉。观於《笺释》所言，事同者方许比附，未尝推及他律。自律内增一“他”字，而其弊益不可究诘矣。

《大清律例》：“凡律令该载不尽事理，若断罪无正条者，援引他律比附。应加应减，定拟罪名，申详上司，议定奏闻。若辄断决，致罪有出入者，以故失论。”

按：此承《明律》。顺治三年添入小注，雍正三年删去“转达刑部”一句。姚范《援鹑堂笔记》：“姚思仁，万历癸未进士，仕至工部尚书。尝以律文简而意晦，乃用小字释其下。国朝顺治初，颁行《大清律》，依其注本云。”据此，是顺治中所增小注，本於姚思仁也。其於“律”字上注一“他”字，实非原定此律之意。观於《笺释》事同方许比附之语，可知其非。自来引用，大多於本门律内上下比附，其引他律比附者并不多见。盖既为他律，其事未必相类，其义即不相通。牵就依违,狱多周内,重轻任意,冤滥难伸。此一字之误,其流弊正有不可胜言者矣。因比附而罪有出入,治罪之事久已无闻,律文后半同虚设矣。自国初以来,比附之不得其平者,莫如文字之狱。查律载:“凡谋反不利於国,谓谋危社稷及大逆,不利於君,谓谋毁宗庙、山陵及宫阙。但共谋者,不分首从已、未行,皆凌迟处死。”旧说反及於国,逆及於君,不敢指斥,故注云云也。《唐律》云:“有结谋真实而不能为害者,传众惑诸人而无真状可验者,自从妖法。”是结谋真实及已传众惑人者,尚不皆科以反逆也。《唐律》又云:“诸口陈欲反之言,心无真实之计,而无状可寻者,流二千里。”《疏议》曰:“有人实无谋危之计,口出欲反之言,勘无实状可寻,妄为狂悖之语者,流二千里。若有口陈欲逆叛之言,勘无真实之状,律令既无条制,各从不应为重。”是虽有谋反之言,而无谋反之事者,尚不遽科以谋反也。其有欲逆叛之言者,仅止科不应重,则更轻矣。至若文字之中,语多狂悖,较之口陈欲反之言者,情节为轻。在秦法为诽谤,其罪重至於族。汉文除之。武、宣之际,虽有颜异、杨恽诸狱，然亦无族法。自唐已来，律无诽谤之条，用意至为深远。明仁宗时，曾以奸人诬人为诽谤，申明除诽谤禁，自是一朝善政。今律承於前明，故亦无诽谤之文。若以律无正条之犯，竟与真正大逆同科，情罪既不相当，诬捏亦所难免，将至儒林蹙额，乡里寒心，赴市者惨及贤才，遣戍者祸连妇孺，揆诸尧、舜钦恤之宗旨，恐未尽符也。如康熙中戴名世《南山集》一案，以文字之故，竟成大狱，非出特恩，则死者众矣。查康熙五十一年正月，刑部等衙门奏："察审戴名世所著《南山集·孑遗录》内有大逆等语，应即行凌迟。已故方孝标所著《滇黔纪闻》内，亦有大逆等语，应剉其尸骸。戴名世、方孝标之祖父、子孙、兄弟，及伯叔、兄弟之子，年十六岁以上者，俱查出解部，即行立斩。其母、女、妻妾、姊妹，子之妻妾，十五岁以下子孙、伯叔父、兄弟之子，亦俱查出，给功臣家为奴。方孝标归顺吴逆，身受伪官，迨其投诚，又蒙恩免罪，仍不改悖逆之心，书大逆之言。令该抚将方孝标同族人，不论服之已尽、未尽，逐一严查，有职衔者尽皆革退。除已嫁女外，子女一并即解到部，发与乌喇、宁古塔、白都讷等处安插。汪灏、方苞为戴名世悖逆书作序,俱应立斩。方正玉、尤云鹄、闻孥自首,应将伊等妻子一并发宁古塔安插。编修刘岩虽不曾作序,然不将书出首,亦应革职佥妻流三千里。奉上谕,九卿具奏。"四月,复奉上谕:"汪灏在内廷行走年久,已经革职,著从宽免死,但令家口入旗。余另行启奏。"五十二年二月,上谕:"戴名世从宽免凌迟,著即处斩。方登峰、方云旅、方世樵俱从宽免死,并伊妻子充发黑龙江。此案内干连人犯俱从宽免治罪,著入旗。"是狱也,得恩旨全活者三百余人。仰见圣祖宽大之德,不以刑官之比附从重为是,故特予从轻。乃当日刑官不能曲体皇仁,原情定罪,竟以极重之典,漫为比附,五上折本,固执不移,其为党祸牵连,可以想见。而比附之未足为法,即此一狱,可推而知矣。

曹一士《请宽妖言禁诬告疏》:"窃闻古者太史采诗以观民风,借以知列邦政治之得失,俗尚之美恶。即《虞书》在治忽,以出纳五言之意,使下情之上达也。降及周季,郑之子产,尚能不禁乡校之议。惟是行伪而坚,言伪而辩,学非而博，顺非而泽者，虽属闻人，圣人有两观之诛，诚恶其惑众也。至於造作语言，显有悖逆之迹，如戴名世、汪景祺等，圣祖仁皇帝暨世宗宪皇帝因其自蹈大逆而诛之，非得已也。若夫赋诗作文，语涉疑似，如陈鹏年任苏州知府，游虎邱作诗，有密奏其大逆不道者，圣祖仁皇帝明示九卿，以为诬陷善类，如神之哲，洞察隐微，可为万世法则。比年以来，闾巷细人不识两朝所以诛殛大憝之故，往往挟睚眦之怨，借影响之词，攻讦私书，指摘字句。有司见事生风，多方穷鞫，或致波累师生，株连亲族，破家亡命，甚可悯也。臣愚以为，井田封建，不过迂儒之常谈，不可以为生今反古；述怀咏史，不过词人之习态，不可以为援古刺今。即有序跋，偶遗纪年，亦或草茅一时失检，非必果怀悖逆，敢於明布篇章。若此类悉比附妖言，罪当不赦，将使天下告讦不休，士子以文为戒，殊非国家义以正法，仁以包蒙之至意也。臣伏读皇上谕旨，凡奏疏制义中，从前避忌之事，一概扫除。仰见圣聪，廓然大度，即古敷奏采风之盛事。窃谓大廷之章奏，尚捐忌讳，则在野之笔札，焉用吹求。伏请敕下直省大吏，查从前有无此等狱案,现在不准援赦者,条列上请,候旨钦定。嗣后凡有举首诗文书札悖逆讥刺者,审无的确形迹,即以所告本人之罪依律反坐,以为挟仇妄告者戒。庶文章之株累悉蠲,告讦之刁风可息,似於风俗人心,稍有裨益。"

按:本朝文字之祸,大多在乾隆以前,其中出於素挟仇怨者半,出於借端诈索者半。匪独奸人群相告讦,即大臣之中,亦有因睚眦小隙图快己私者。律例既无正条,遂不得不以他律比附,事本微细,动以大逆为言。给谏此疏,所言比附之害,可谓痛切。此疏系上於乾隆元年,经刑部纂入条例,告讦之风亦渐息矣。仁人之言,其造福为何如哉!

法律馆《刑律草案》原奏:"一曰删除比附。考《周礼·大司寇》有悬刑象於象魏之法。又《小司寇》之宪刑禁,《士师》之掌五禁,俱徇以木铎。又《布宪》执旌节以宣布刑禁。诚以法者,与民共信之物,故不惮反复申告,务使椎鲁互相警诫,实律无正条不处罚之明证。《汉书·刑法志》高帝诏:'狱疑者,廷尉不能决,谨其奏附所当比律令以闻。'此为比附之始,然仅限之於疑狱而已。至隋,著为定例,即《唐律》出罪者举重以明轻,入罪者举轻以明重是也。《明律》改为引律比附,加减定拟,现行律同。在唐神龙时,赵冬曦曾上书痛论其非,且曰:‘死生罔由於法律,轻重必因乎爱憎,受罚者不知其然,举事者不知其法。’诚为不刊之论。况定律之旨,与立宪尤为抵牾。立宪之国,立法、司法、行政之权鼎峙,若许司法者以类似之文致人於罚,是司法而兼立法矣。其弊一。人之严酷慈祥各随禀赋而异,因律无正条而任其比附轻重偏畸,转使审判不能统一。其弊又一。兹拟删除此律,而各刑酌定上下之限,凭审判官临时审定。并别设酌量减轻、宥恕减轻各例,以补其缺。虽无比附之条,而援引之时,亦不致为定例所缚束。论者谓人情万变,断非科条数百所能赅载。不知法律之用,简可驭繁,例如谋杀应处死刑,不必问其因奸因盗。如一事一例,恐非立法家逆臆能尽之也。”

《草案》第十条:“凡律例无正条者,不论何种行为,不得为罪。理由:本条所以示一切犯罪须有正条乃为成立,即刑律不准比附援引之大原则也。凡刑律於正条之行为,若许比附援引及类似之解释者,其弊有三:第一,司法之审判官,得以己意,於律无正条之行为,比附类似之条文,致人於罚,是非司法官,直立法官矣。司法、立法混而为一,非立宪国之所宜有也。第二,法者与民共信之物,律有明文,乃知应为与不应为。若刑律之外,参以官吏之意见,则民将无所适从。以律无明文之事,忽援类似之罚,是何异以机穽杀人也。第三,人心不同,亦如其面,若许审判官得据类似之例,科人以刑,即可恣意出入人罪,刑事裁判难期统一也。因此三弊,故今惟英国视习惯法与成文法为有同等效力,此外欧美及日本各国,无不以比附援引为例禁者。本案故采此主义,不复袭用旧例。"

《草案签注》:

"一曰,谓比附易启意为轻重之弊,但由审判官临时判断,独不虞其意为轻重乎?引律比附,尚有依据,临时判断,实无限制。"

按:定律凡数百条,若不问情事之何如,而他律皆可比附,将意为轻重,所欲活则出生议,所欲陷则与死比,必有如桓谭所讥者。试以今事言，《南山集》案内，原拟死罪之汪灏等，恭奉谕旨，或仅予革职，或仅令入旗，实为所欲陷则与死比之明证。充其所至，舞文弄法，何所不可，尚何限制之有？若《草案》所定，本条之内，限以几等以上，几等以下，过此以往，即不得稍越范围，其所以限制审判官者为何如？乃反谓引律比附，尚有依据，临时判断，实无限制，然乎，否乎！

"一曰，律例所未载者，不得为罪，则法不足以禁奸，罪多可以幸免，刁徒愈诪张为幻，有司之断狱亦穷。"

"一曰，设有准情酌理，确为有罪之行为，只以律无正条，遽尔判为无罪，似亦难昭允协。"

"一曰，民情万变，防不胜防，若例无正条，不论何种行为，不得为罪，则必本案三百八十七条，尽数赅括，毫无遗漏而后可。否则有犯无刑，国家可力存宽大，人民将不免怨咨，持是谓得情理之平，恐不然矣。"

按：以上三条，大意在律难赅括，犯罪可幸免也。夫人之情伪，变幻万端，谓此数百条律文，即足以尽人之情伪，诚非立法者所敢自信。

然谓无比附而人多幸免，似亦不必虑也。尝考自唐以来至於本朝律文，虽时有出入，而罪状则大略相同。其关於国事者，不外《卫禁》《职制》《厩库》《擅兴》诸端，其关於人民者，《贼盗》《斗讼》《诈伪》足以赅之，即东西各国刑法，亦不甚悬殊也。惟近数十年来，五洲交通，不能无国际法。轮船、气车及电矿之属，日新月异，为前古所无耳。家本自甲子岁筮仕西曹，於今四十余年矣，所见案牍，难以万计，其案情之千奇百怪出於情理之外者往往有之，而罪状之出於律例之外，情轻者或亦时有，不过科以不应情，重者则未曾一睹。盖律文经千数百年，此千数百年风俗递有变迁，而罪状之可名者未见出乎律例之外，是皆由千数百年经验而来，非出於一二人之曲见。故历代虽多损益，亦不过轻重出入，而大段未尝改也。人之幸免者，殆亦绝无仅有矣。至近来於比附之法，引用亦极详慎。今试略举之：如绞犯在押，乘变逸出，比依在监乘变逸出之例；抢夺妇女，架至马上，颠跑致令堕胎身死，或将其拖拉致伤身死，并比依抢夺妇女，拒捕杀人之例；纠伙持械伤人，未得财，比依强盗伤人未得财之例；略卖小功兄妻，将其致毙，比依略卖良人为妻因而杀人之律；杀一家三命，二故一斗，比依杀三人而非一家，内二命仍系一家之例；奸夫故杀纵奸之姑，比依谋杀纵奸本夫之例；革役吓诈酿命，比依蠹役吓诈酿命之例。此皆近年之有案可稽者，即不用比附之法，亦各有本罪可科，何至逍遥法外？为有司者亦何至穷於断狱乎？至人民怨咨，固所难免，然使问官善於劝导，即不加惩戒，亦可解释争端。若充斯人报复之心，斗殴而欲科谋故矣，偷窃而欲科强劫矣，苟执法不挠，亦未必尽如人意。正未可以怨咨之故，立一法以涂饰耳目也。

"一曰，迩来人心不古，犯罪者择律例无正条者，故意犯之，以难执法之人，俾执法者无所措施，其流弊亦不堪设想。且以一人之心思才力，对付千万人之心思才力，非以定法治之，不足以为治。苏文忠曰：'古人之用法，如医者之用药。盖法有定而罪无定，药有定而病无定也。后世人心巧诈，以致任意枉法，实非治法之过，乃不得治人之过也。'此条不如仍遵旧条为妥。"

按：此段议论不甚可解。既云非以定法治

之不足以为治,并引苏文忠言法有定而罪无定,是为治者必先有定法。正条者,定法也。无正条而可以比附他律,有定者仍无定矣。与持论之宗旨不自相矛盾乎?犯法以难执法,必奸民之尤。此等人平时当有以制之,彼自不敢轻於犯法。否则纵有千百正条,在彼方且巧以尝试,岂区区比附即能制其死命哉!

“一曰,谓比附类似之文,致人於罚,则司法、立法混而为一,非立宪国所应有,不知无此法而定此例者,方为立法,若既有他律,而比附定拟,则仍属司法,非立法也。如以比附为立法,则於本律酌量轻重者,又与立法何异?类似之例,不能援以罚人,而轻重之权,衡可操之?问官诚恐任意出入,将较比附为尤甚。”

“一曰,引律比附,乃司法之事,即如审判官因律有临时审定之文,而审定罪名上下不同,亦可谓之司法兼立法耶?窃谓定律果能简以驭繁,比附自属罕见。然法律中断不可无此条,以规定律令赅载不尽之事理。”

按:此二条大意相同。其谓定律能简以驭繁,比附自属罕见,洵平允之论。而所言司法、立法尚未确当。既云无此法而定此例，方为立法，乃无此法而即用此例，是司法者自创为之矣，不且与立法相混乎？立一法自有此法一定之范围，有此范围，司法者即不能任意出入，故於本律酌量轻重，则仍在范围之内，可以听司法者操其权衡。若以他律相比附，则轶乎范围之外，司法者真可任意出入矣。孰得孰失，可不烦言而解。

"一曰，法制有限，而人情变幻无穷，刁诈之徒，择无专条者犯之，可任其幸逃法网乎？且查第五十四条，言同一犯罪，情节互异，予裁判官以特权，许其酌量犯人之心术与犯罪之事实减三等。核与此条语意相反，而分则多无一定罪名，心术二字不可见。是罪名之轻重，皆定於审判官之口，流弊无穷。"

按：五十四条酌量减轻，即中律矜疑之法。如救亲毙命，得减一等；殴死不孝之妻，得减二等。此皆从心术上论者，乃旧法相与遵循，新法即干非议，是何为者？且凡减轻者，皆从本条中酌量行之，非於本条外有所比附，两条各明一义，亦未尝相背也。

"一曰,审判官程度不及,援引失当,即难免罪有出入,恐亦不能无弊。"

按:此说乃当今实在情形,州县明晓律例者,百人中难得数人,而迂谬糊涂者所在皆是,良可浩叹。然不为国家培养人才,而但议新法之难行,犹七年之病求三年之艾。及今畜之,庶几可及,不然病日深而艾终不可得,奈何?

《违警律》第二条:"凡本律所未载者,不得比附援引。"

按:《违警律草案》经民政部会同法律馆於光绪三十三年八月十八日具奏,三十四年四月初十日经宪政编查馆核订奏准,於颁定文到之日三个月,所有各直省一律施行。《违警律》系与《刑律草案》互相衔接,《违警律》已奉旨施行,则《刑律草案》不便更有异义,致法典不能统一。[1]

坦率地说,我并不完全认同本文开篇的"古义"诠释。

---

〔1〕 沈家本:《断罪无正条》,载(清)沈家本撰,邓经元、骈宇骞点校:《历代刑法考·明律目笺一》,中华书局 1985 年版,第 1807 ~ 1825 页。

但我把本文视为沈家本采用西方罪刑法定的宣言书。[1]这篇论争文章，纵论古今，使人疑虑尽释。由于群疑已解，所以，这篇文章刊发后，国内政学两界都再无人就此提出异议。《大清新刑律》将罪刑法定原则固化，西方罪刑法定最终得到国人的认可。

但是，《大清新刑律》是立宪后才施行的法典。为使新法在立宪后得以顺利推行，因此，在过渡性适用的《大清现行刑律》中，他还是保留了"断罪无正条"和"断罪依新颁律"的条款。条文和理由如下：

《大清现行刑律案语》[2]"断罪无正条"：

原律："臣等谨按此律应仍其旧，理合陈明"。

原例：臣等谨：按此条系雍正十一年定例，专为刑部现审而设。而现在刑部改为法部，现审划归大理院，亦无三法司名目，例内前后各节与近今办法不符，且例意重在比附加减，恐一有不慎致滋流弊。自应改为内外问刑通例，将刑

〔1〕 按：有的论者认为，沈家本删除比附援引，是泼洗澡水，连同孩子一起泼掉了。

〔2〕《大清现行刑律案语·名例下》，第61～62页，清宣统元年法律馆铅印本。

部会同议罪并院寺驳改各层概行节删,谨将修改例开列于后。

修改:引用律例,如律内数事共一条,全引恐有不合者,许其止引所犯本罪。若一条止断一事,不得任意删减,以致罪有出入。其律例无可引用,援引别条比附者,问刑衙门务宜详慎斟酌情节,声明律无正条,今比照某律、某例科断,或比照某律、某例加一等、减一等科断。案应具奏者,详细奏明,恭候谕旨遵行。若律例本有正条,承审官任意删减,以致情罪不符,及故意出入人罪,不行引用正条,比照别条以致可轻可重者,该上司查出,或于部院驳诘,将承审之员指名奏参,按律治罪。

参与修律的吉同钧,在他的《大清现行刑律讲义》中,对此也做了解释:

按此乃明律,雍正三年删定,易"转达刑部"四字为"申该上司",并入"援"字、"他"字,文义较为明显。唐律亦有此目而文稍有不同。唐律云"诸断罪无正条,其应出罪者,则举重以明轻,应入罪者，举轻以明重”云云。虽未明言比附，而举此明彼即隐寓比附加减之意。盖天下之事变无穷，而律例之所载有限，若不比照加减，则高下出入无所准绳。故承审官临时裁酌务祈平允，申该上司议定奏闻，不得以律无正条，辄任一时之臆见径行决断，致罪有出入也。再者比附之法由来已久，《书》云：上下比罪，《礼》云：比以成之。汉尚书有决事比，公府有辞讼比，《刑法志》云：比者，例也。三千之条不能尽天下之罪，不免上下以求其比，可见事变无穷，法制有限，全在比附酌量，以适于中，故律后有比引律条一门，而刑部亦称比部，即此意也。但现在泰西各国刑法，惟俄律尚有比例 法，其余各国均无此例，日本采用法德二国刑制，凡法律上无正条者，无论何种所为不得处罚，现在新定民刑诉讼法第七十六条采用其意，亦有“律无正条不论何项行为不得为有罪”之语，此法若行，则此律即议废。惟中国情形不同，比附一法恐不能骤除，现在外省已有顶驳者，将来能否行之无弊，尚难预决也。[1]

---

〔1〕 (清)吉同钧等辑:《大清现行刑律讲义》，清宣统元年法部律学馆石印本。

从文本上看,法律的变化似乎不大。关于法律的溯及力的“断罪依新颁律”丝毫未动,而有关于法律适用的“断罪无正条”也只有例文发生了些许变化。但如果我们仔细观察,也可以发现,它已经在悄悄地改变。一是清末的官制改革,司法权限发生变动。原来的比附需要三法司共同议定罪名,现在是由问刑衙门独立完成,虽然都要“恭候谕旨遵行”,但比较之下,司法权可谓趋向“独立”(相对意义上讲),而这已经涉及罪刑法定背后的制度设计问题。[1] 二是比引律例条文的删除和转移。虽说是“省辗转比附之烦”,但恐怕“援引较有依据”才更是关键。援引有依据是趋向法定主义的一个强烈信号。三是通过吉同钧的讲义透露出来的,《大清民事刑事诉讼法草案》中已经采取了西方的罪刑法定原则,它的实施会导致中国传统的“比附援引”的废除。至此,西方罪刑法定的原则已经是呼之欲出了。在这里,我不禁要感叹沈家本的用心良苦,作为一个“以律鸣于时”的技术官僚,他对法律实践有着更深的理解。以“折冲樽俎,模范列强”[2] 为宗

---

〔1〕 当然,沈氏所理解的“司法独立”“三权分立”等能否等同于西方近代意义上的这些理念呢?笔者认为不尽相同,无论是沈氏的生平经历,还是文章著述,都没有看到他对清廷统治的不满,他所支持的司法独立,是在皇权之下的“司法独立”。

〔2〕 沈家本等:《大清现行刑律案语》前奏折,清宣统元年法律馆铅印本。

旨的《大清新刑律》是他立法的目标，但他也意识到“刑罚与教育互为盈朒，如教育未能普及，骤行轻典，似难收弼教之功。且审判之人才，警察之规程，监狱之制度，在在与刑法相维系。虽经渐次培养设立，究未悉臻完善。论遭递之理，新律因为后日所必行，而实施之期殊非急迫可以从事。”[1]通过观察，他发现“日本未行新刑法以前，折中我国刑律，颁行《新律纲领》，一洗幕府武健严酷之风，继复酌采欧制，颁行《改定律例》三百余条，以补纲领所未备，维持于新旧之间，成效昭著。”[2]于是向日本学习，修订《大清现行刑律》作为过渡性的法律就成了他的最佳选择。

依近代刑事立法思潮，禁止溯及既往乃为罪刑法定的一大原则，此原则明示国家刑罚权对人民权益的干预，一定要在有预见与能预见的条件下，方得为之，唯有如此，才能确保刑法的安定性，刑法的保障功能也才能获得维持。[3] 从立法例上来看，中国古代法中，明代采取的是从新主义，而清代加入律注，增加了从轻原则。对于清律

---

〔1〕 沈家本等：《大清现行刑律案语》前奏折，清宣统元年法律馆铅印本。

〔2〕 沈家本等：《大清现行刑律案语》前奏折，清宣统元年法律馆铅印本。

〔3〕 黄源盛：《传统中国“罪刑法定”的历史发展》，载《东海法学研究》1996年第11期，第14～15页。

的这一条款是否规定了溯及既往,学界有不同意见。张伟仁先生认为:清朝虽有比较“新旧二法从其轻者”之例,然律的本文,仍有犯在以前并依新律拟断的规定。因此,与之相悖的行为,虽然发生在律文颁布以前,但在颁布之后事发到官者,仍依照新律断罪。这显然正面否定了罪刑法定的原则,盖所谓“新律”其实是一种“事后立法”,依照新颁之律断罪,就是使新律的效力溯及既往。[1] 但戴炎辉先生持有异议。他分析律后的小注,认为清代的实践是以附例取代律文,或以新例改旧例,所以实际上新法不溯及既往,但如果新法比旧法为轻,则听从新法。[2] 学者的不同意见和法律规定(在一定程度上)自相矛盾有关。律文本身沿袭明律,采取从新主义的原则,但单纯从律注来看(注意:不看律文),条例则是规定了从旧为原则,新例轻者从新。有清一代,律文和条例是最重要的两种法源。律文由于政治“符号”作用,[3] 自乾隆五年修律

---

〔1〕 张伟仁:《传统观念和现行法制》,载《台大法学论丛》1987 年第 17 卷第 1 期。转引自黄源盛:《传统中国“罪刑法定”的历史发展》,载《东海法学研究》1996 年第 11 期,第 14 页。

〔2〕 参见戴炎辉:《中国法制史》,三民书局 1989 年版,第 21 页。转引自黄源盛:《传统中国“罪刑法定”的历史发展》,载《东海法学研究》1996 年第 11 期,第 14 页,注 35。

〔3〕 黄静嘉:《沈家本年谱长编序》,载李贵连编著:《沈家本年谱长编》,山东人民出版社 2010 年版,第 8 页。

以后,不再增删。对律文修改补进的办法就靠律注和条例。“法与时转”的条例在司法实践中发挥着更大的作用,律文则有成为一纸具文的可能。这也不难解释为何现代的学者会因为这一法律条款产生不同意见,而古人则无此问题。吉同钧说道:

> 按此乃明律,乾隆五年添入小注,唐律无此一条,当系明代所纂,盖律设大法,历代不易,而斟酌损益,又必因时制宜,故事犯未结案者,即当依新颁之律科断,不得仍泥旧文。注云新律轻者照新律遵行,可见此言新颁之律较旧例为轻,故当从轻照新例科断,若新例重者,其犯前仍遵照旧例,不得拘泥此条,仍以新律处断,致涉苛刻,此与犯罪未老疾律同一宽恤之意……〔1〕

所以立法理由认为原来实施的是“比较新旧二法,从轻者处断之主义”,笔者认为是更加恰当的。到了《大清

〔1〕（清）吉同钧等辑:《大清现行刑律讲义》,清宣统元年法部律学馆石印本。

新刑律》，采取的是原则从新，只有在旧律不认定是犯罪时，才适用旧律的“例外从轻”。

就当时主持修律的沈家本来说，他意见是“概依新律”，即采取从新主义，其理由主要从法律的确定性出发：

> 旧律和新律岂能无轻重互异之处，而概依新律者，非但谓遵王之制也。法律为人人所当遵守，既定而颁行之，则犯罪不论新旧，断罪自当一律，不得再有参差，致法律失信用之效也。若如旧说，例应轻者，照新例行，新例严而犯在前者，应照旧例。其参差孰甚哉。[1]

当时帮助中国立法的日本学者冈田朝太郎也认为从学理上讲，应该不分轻重均适用新法，他的理由是：

> （一）刑法之设，为维护国家之安宁秩序起见，非为犯罪者之利益起见。故国家以新法处

〔1〕 沈家本：《断罪依新颁律》，载（清）沈家本撰，邓经元、骈宇骞点校：《历代刑法考·明律目笺一》，中华书局1985年版，第1807页。

> 分犯罪者,即有较旧法为重而犯罪者无要求国家仍从旧法之权利。若不分新旧,务从其法之罪轻者,是专为犯罪者之利益起见也,殊与立法之本旨不合。(二)国家之改正刑法,因旧法之不适当也。旧法不适当,则新法之必适当也可知。故不论轻重,自当一以新法为断。中国向采从新主义,故唐律、明律、大清律,皆有犯在以前并依新律拟断之规定。刑草即采用中国自古相传之法理,而不与各国多数之例相同,亦保存国粹之意也……[1]

虽然当时的立法理由上并没有详细地说明为何在从新之余,仍留有一个适用旧律的例外,从现有的资料来看,我们也无法看出沈家本对新律后这“一尾巴”的意见。不过有一点很清楚,即沈氏从新主义的观点在法律条文中得到实现。我们更要注意到,这时候立法者的认识,已不是吉同钧所理解的“断罪依新颁律”的规定是“与犯罪未老疾律同一宽恤之意”这种古代法的思想,而是明确提

---

〔1〕 熊元翰编:《刑法总则》(法律丛书第五册),安徽法学社印行,1913 年第 4 版,第 20 页。

到“刑法不溯既往”这一罪刑法定的派生原则。冈田对中国古代法的理解不无偏颇(比如他对唐律、清律的认识),但他所谓的“采取中国自古相传之法理”和“保存国粹”在很大程度上解释这一条款的规定为何在当时并没有引起争议。

丰富的刑曹经验使沈家本并非简单地、只是在理论层面上就事论事地反对援引比附,他是在律成具文,援引比附在实践中缺乏有效约束,弊端日趋突出的情况下,才祭出罪刑法定的大旗,对传统的“罪刑法定”来一个“创造性转换”。与此同时,如果在政治改革的大背景下观察沈氏的主张,我们不难发现其背后的“意味深长”。

中国近代“筹备立宪”,虽然目的无非是巩固皇权,攘外安内,但立宪国的行政、立法、和司法分立等形式要件仍得具备。在立宪国的目标下,行政、立法、和司法分立(尽管只是形式上)已经成为一种“政治正确”。正如前所述,西方的罪刑法定原则是以三权分立学说为其理论基础,罪刑法定原则和司法独立紧密联系。沈家本是司法独立的积极提倡者，[1]而他对官场规则的熟悉使其更多地从实践出发而非空谈理想。正如贺卫方教授所说："在中国从事改革事业的人，只有忧国忧民的热情是不够的，官场的历练所培养的经验和谋略也是确保改革顺利进行的重要条件。"[2]在这种情况下，他当然会利用这个"政治正确"来为"罪刑法定"正名。这也就不难解释为什么《大清新刑律》第10条的立法理由会以"司法立法混而为

---

〔1〕 在《历代刑官考》这篇长文中，沈氏沿袭其托古改制的方法，历数各代刑官设置，认为中国古代也有类似西方的司法独立制度，只是到了明代，"刑狱初归刑部，大有独立之意。其后锦衣、东厂先后设立，生杀之柄，非操自佞幸，即属诸阉竖，匪独权之不统一也，惨毒之祸及于忠良。明制之弊，无逾此生。元无大理而明设之，元刑部有狱而明仍之。唐、宋以刑部覆大理，明则以大理覆刑部；唐、宋尚书属尚书省，尚为行政之官，明则天下刑名皆归刑部，大理寺不过覆按之而已。司法行政混合之制，盖于明不可复分矣。"（载（清）沈家本撰，邓经元、骈宇骞点校：《历代刑法考》，中华书局1985年版，第2006～2007页。）在《裁判访问录序》中，沈氏讲道："西国司法独立，无论何人皆不能干涉裁判之事，虽以君主之命，总统之权，但有赦免，而无改正。中国由州县而道府，而司，而督抚，而部，层层辖制，不能自由。从前刑部权力颇有独立之势，而大理稽查，言官纠劾，每为所牵制，而不免制肘……"（《裁判访问录序》，载（清）沈家本撰，邓经元、骈宇骞点校：《历代刑法考·附寄簃文存·卷六》，中华书局1985年版，第2235页。）沈氏通过这些言论，力主在当时行政司法不分的中国实现司法独立。清末官制改革，改刑部为法部，专任司法，改大理寺为大理院，专掌审判。但两者范围如何划分，并没有一个明确的界限。在此情况下，终于爆发了部院之争。虽然部院之争，归根到底无非是权力之争。而沈氏希望由他所在的大理院自行决定法官的人选，也有悖于司法的独立。但笔者认为，需要在历史中理解沈家本，他要进行法律改革，必然需要掌握相应的权力，尤其是人事任免的权力，即所谓司法独立"勿求之于形式，而求之于精神"。

〔2〕 贺卫方：《沈家本传序》，载李贵连：《沈家本传》，法律出版社2000年版，第4页。

一,非立宪国所应有也”作为删除援引比附的第一要素。而罪刑法定原则的确立,比附援引的废除,也更有利于推进司法的独立。[1]

在沈家本的努力下,中国传统的对官吏强调君权的罪刑法定主义变成了近代司法独立下的罪刑法定原则。尽管我们可以认为它的确立更像一种政治角力的产物,但我们不能否认,罪刑法定原则在客观上的确起了如蔡枢衡先生所说的“对君和官强调民权”这种保障民权的作用,[2]而这一点和西方近代的罪刑法定原则是吻合的。

---

〔1〕 从文本上分析,比附援引所要求的“申该上司”就不符合司法独立的要求。

〔2〕 蔡枢衡:《中国刑法史》,广西人民出版社 1983 年版,第 131 页。

第四章　废除恶法，推动人权保障

人权保障是现代法治的重要内容。早在 19 世纪末，严复先生就以“人权天界”对应英文“natural rights”，引进人权概念。传统中国法中的肉刑、刑讯、凌迟枭首等野蛮残酷的刑罚，允许蓄养奴婢、允许丈夫私自杀死奸夫奸妇等观念，都与现代人权保障形同水火。为此，沈家本在改革中，态度鲜明，排除阻力，主张废除这些恶法。

一、法律科学化:薄刑恤民

(一)废除重法

废除重法,是晚清法律改革中最重要、最有时代意义的改革。1905年他和伍廷芳联名上《删除律例内重法折》,动议废除传统的凌迟、枭首、戮尸、缘坐、刺字等残刑酷罚,并得朝廷允准通行。这是一项具有国际影响的改革。现将沈氏这一"自治"奏折的全文录出:

> 奏为遵旨考订法律,谨拟将现行律例内重法数端先行删除以裨治理而彰仁政,恭折仰祈圣鉴事。
>
> 光绪二十八年四月初六日,奉上谕:"现在通商交涉事益繁多,著派沈家本、伍廷芳,将一切现行律例,按照交涉情形,参酌各国法律,悉心考订,妥为拟议。务期中外通行,有裨治理。等因。钦此。"
>
> 仰见圣谟宏远,钦佩莫名。当经臣等酌拟大概办法,并遴选谙习中西律例司员分任纂辑,延聘东西各国精通法律之博士、律师以备顾问,复调取留学外国卒业生从事翻译,请拨专款以

资办公，刊刻关防以昭信守各等因，先后奏明在案。计自光绪三十年四月初一日开馆以来，各国法律之译成者，德意志曰刑法、曰裁判法，俄罗斯曰刑法，日本曰现行刑法、曰改正刑法、曰陆军刑法、曰海军刑法、曰刑事诉讼法、曰监狱法、曰裁判所构成法、曰刑法义解；校正者，曰法兰西刑法。至英、美各国刑法，臣廷芳从前游学英国，夙所研究，该二国刑法虽无专书，然散见他籍者不少，饬员依类辑译，不日亦可告成。复令该员等比较异同，分门列表，展卷了然，各国之法律已可得其大略。臣等以中国法律与各国参互考证，各国法律之精意固不能出中律之范围，第刑制不尽相同，罪名之等差亦异。综而论之，中重而西轻者为多。盖西国从前刑法，较中国尤为惨酷，近百数十年来，经律学家几经讨论，逐渐改而从轻，政治日臻美善。故中国之重法，西人每訾为不仁，其旅居中国者，皆籍口於此，不受中国之约束。夫西国首重法权，随一国之疆域为界限，甲国之人侨寓乙国，即受乙国之裁制，乃独於中国不受裁制，转予我以不仁之名，此亟当幡然变计者也。方今改订商约，英、美、日、葡四国均允中国修订法律，首先收回治外法权，实变法自强之枢纽。臣等奉命考订法律，恭绎谕旨，原以墨守旧章，授外人以口实，不如酌加甄采，可默收长驾远驭之效。现在各国法律既已得其大凡，即应分类编纂，以期克日成书。而该馆员等佥谓，宗旨不定，则编纂无从措手。臣等窃维治国之道，以仁政为先。自来议刑法者，亦莫不谓裁之以义而推之以仁。然则刑法之当改重为轻，固今日仁政之要务，而即修订之宗旨也。

现行律例款目极繁，而最重之法亟应先议删除者，约有三事：

一曰凌迟、枭首、戮尸。查凌迟之刑，唐以前无此名目，始见於《辽史·刑法志》。辽时刑多惨毒，其重刑有车轘、磤掷诸名，而凌迟列於正刑之内。宋自熙甯以后，渐亦沿用，元、明至今，相仍未改。枭首在秦汉时惟用诸夷族之诛，六朝梁、陈、齐、周诸律始於斩之外别立枭名。至隋而删除其法，自唐迄元，皆无此名。今之斩枭，仍明制也。戮尸一事，惟秦时成蟜军反，其军吏皆斩戮尸，见於《始皇本纪》，此外无闻。历代刑志并无此法，《明律》亦无戮尸之文。至万历十六年始定此例，亦专指谋杀祖父母、父母者而言。国朝因之，后更推及於强盗案件，凡斩、枭之犯，监故者无不戮尸矣。凡此酷重之刑，固所以惩戒凶恶。第刑至於斩，身首分离，已为至惨。若命在顷忽，菹醢必令备尝，气久消亡，刀锯犹难幸免。揆诸仁人之心，当必惨然不乐。谓将以惩本犯，而被刑者魂魄何知？谓将以警戒众人，而习见习闻，转感召其残忍之性。故宋真宗时，御史台请脔咼杀人贼，帝曰："五刑自有常刑，何为惨毒也？"陆游常请除凌迟之刑，亦谓肌肉已尽而气息未绝，肝心联络而视听犹存，感伤至和，亏损仁政，实非圣世所宜遵。隋时颁律，诏云："枭首义无所取，不益惩肃之理，徒表安忍之怀。"洵皆仁人之言也。且刑律以唐为得中，而《唐律》并无凌迟、枭首、戮尸诸法。国初律令，重刑惟有斩刑，准以为式，尤非无征。拟请将凌迟、枭首、戮尸三项一概删除，死罪至斩决而止。凡律内凌迟、斩枭各条俱改斩决，斩决各条俱改绞决，绞决俱改监候，入於秋审情实，斩候俱改绞候，与绞决人犯仍入於秋审，分别实、缓。将来应否酌量变通,再由臣等妥议核定。或谓此等重法,所以处穷凶极恶之徒,一旦裁除,恐无以昭炯戒。顾有唐三百年不用此法,未闻当日之凶恶者独多。且贞观四年断死罪二十九,开元二十五年才五十八,其刑简如此。乃自用此法以来,凶恶者仍接踵於世,未见其少,则其效可睹矣。化民之道,固在政教,不在刑威也。

一曰缘坐。缘坐之制,起於秦之参夷及收司连坐法。汉高后除三族令,文帝除收孥相坐律,当时以为盛德。惜夷族之诛犹间用之,故魏、晋以下,仍有家属从坐之法。《唐律》惟反叛、恶逆、不道律有缘坐,他无有也。今律则奸党、交结近侍诸项俱缘坐矣,反狱、邪教诸项亦缘坐矣。一案株连,动辄数十人。夫以一人之故而波及全家,以无罪之人而科以重罪,汉文帝以为不正之法,反害於民。北魏崔挺尝曰:"人有罪延及阖门,则司马牛受桓魋之罚,柳下惠膺盗跖之诛,不亦哀哉!"其言皆笃论也。罚弗及嗣,《虞书》所美。罪人以族,《周誓》所讥。今世各国咸主持刑罚止及一身之义,与罪人不孥之古训实相符合，洵仁政之所当先也。拟请将律例缘坐各条，除知情者仍治罪外，其不知情者悉予宽免，余条有科及家属者准此。

一曰刺字。刺字乃古墨刑，汉之黥也。文帝废肉刑而黥亦废。魏、晋、六朝虽有逃奴、劫盗之刺，旋行旋废。隋、唐皆无此法。至石晋天福间，始创刺配之制，相沿至今。其初不过窃盗、逃人，其后日加繁密，刺事由，刺地名，刺改发，有例文不著而相承刺字者，有例文已改而刺字未改者，其事极为纷糅。在立法之意，原欲使莠民知耻，庶几悔过而迁善。讵知习於为非者，适予以标识，助其凶横，而偶罹法网者，则黥刺一膺，终身僇辱。诚如《宋志》所谓，面目一坏，谁复顾籍，强民适长威力，有过无由自新也。夫肉刑久废而此法独存，汉文所谓刻肌肤痛而不德者，正谓此也。未能收弼教之益而徒留此不德之名，岂仁政所宜出此？拟请将刺字款目概行删除。凡窃盗皆令收所习艺，按罪名轻重定以年限，俾一技能娴，得以糊口，自少再犯三犯之人。一切递解人犯，严令地方官认真佥差押送，果能实力奉行，逃亡者自少也。

以上三事,皆中法之重者。参诸前人之论说,既多议其残苛,而考诸今日环球各国,又皆废而不用,且外人訾议中法之不仁者,亦惟此数端为最甚。此而不思变通,则欲彼之就我范围,不犹南辕而北辙乎?查各国修订法律,大率於新法未布,设单行法,或淘汰旧法之太甚者,或参考外国之可行者,先布告国中,以新耳目。是以略采其意,请将重法数端,先行删除,以明示天下宗旨之所在。此外或因或革,端绪繁多,俟臣等随时厘订,陆续奏闻。惟更张之始,度必有议其后者。窃思法律之为用,宜随世运为转移,未可胶柱而鼓瑟。昔宋咸平时删太宗诏令,十存一二,史志称之。我朝雍正、乾隆年间修改律例,於康熙时现行条例删汰不知凡几。即臣等承诏之初,亦以祖宗成宪,未敢轻议更张。第环顾时局,默验将来,实不敢依违模棱,致令事机坐失。近日日本明治维新,亦以改律为基础,新律未颁,即将磔罪、枭首、籍没、墨刑先后废止,卒至民风丕变,国势骎骎日盛,今且为亚东之强国矣。中、日两国,政教同、文字同、风俗习尚同,借鉴而观,正可无庸疑虑也。伏惟我皇太后、皇上深念时艰，勤求上理，特诏考订法律，期於通行中外，法权渐可挽回。用敢择其至要者，披沥上闻。倘蒙俞允，并请明降谕旨，宣示中外，俾天下晓然於朝廷宗旨之所在，而咸钦仁政之施行，一洗从来武健严酷之习，即宇外之环伺而观听者，亦莫不悦服而景从。变法自强，实基於此。所有臣等酌拟变通刑法缘由，谨恭折具陈，伏乞皇太后、皇上圣鉴训示。谨奏。

三十一年三月二十日奏。内阁奉上谕："伍廷芳、沈家本等奏考订法律请先将律例内重刑变通酌改一折。我朝入关之初，死刑以斩罪为极重。顺治年间修订律例，诏用前明旧制，始有凌迟等极刑。虽以惩儆凶顽，究非国家法外施仁之本意。现在改订法律，嗣后凡死罪，至斩决而止，凌迟及枭首、戮尸三项，著即永远删除。所有现行律例内，凌迟、斩枭各条俱改为斩决，其斩决各条俱改为绞决，绞决各条俱改为绞监候，入於秋审情实，斩监候各条俱改为绞监候，与绞候人犯仍入於秋审，分别实、缓办理。至缘坐各条，除知情者仍治罪外，余著悉予宽免。其刺字等项，亦著概行革除。此外当因当革应行变通之处,均著该侍郎等悉心甄采,从速纂订,请旨颁行。务期酌法准情,折衷至当,用副朝廷明刑弼教之至意。将此通谕知之。钦此。"〔1〕

这些重法的废除,当时受到国内外的好评。军机大臣瞿鸿禨尝语人曰:"年来臣僚奢谈新政,皆属皮毛,惟法律馆此奏,革除垂及千年酷虐之刑,于小民造福不浅也。"〔2〕

(二)削减死罪条目

据沈家本统计,清律死罪条目,顺治时"律例内真正死罪,凡二百三十九条,又杂犯斩绞三十六条"。随着时间的推移,死罪条目越来越多,清末"死罪凡八百四十余条,较之顺治年间,增十之七八",为中国数千年所未有。为此,他于光绪三十二年(1906年)四月二上《虚拟死罪改为流徒折》,建议将司法实践中并不切实执行的死罪条目删除,分别改为流刑、徒刑。改革理由如下:

〔1〕 沈家本:《删除律例内重法折》,载(清)沈家本撰,邓经元、骈宇骞点校:《历代刑法考·附寄簃文存·卷一》,中华书局1985年版,第2023~2028页。

〔2〕 董康:《中国修订法律之经过》,载何勤华、魏琼编:《董康法学文集》,中国政法大学出版社2005年版,第461页。

窃臣等奉命修订律例，参酌各国刑法，以冀收回治外法权，是以上年三月间奏请删除凌迟、枭示诸重刑，律例内凌迟、斩枭各条改为斩决，斩决改为绞决，绞决改为绞候，入於秋审情实，并声明寻常应入秋审各犯，将来应否变通，再行妥议等因，奉旨允准通行在案。计自新章颁布，已届一年，不惟各直省推行无阻，即外国使馆，亦均同声推服，称颂文明。

臣等复详加考核欧美、日本各国死刑，从前极为惨虐，近年则日从轻减，大约少者止数项，多亦不过二三十项。中国刑法，周时大辟二百，至汉武帝时多至四百九条，当时颇有禁网渐密之议。元魏时大辟二百三十条，隋开皇中除死刑八十一条，唐贞观中又减大辟九十三条，比古死刑殆除其半，刑法号为得中。国朝之律，沿自前明。顺治时律例内真正死罪凡二百三十九条，又杂犯斩绞三十六条。迨后杂犯渐改为真犯，他项又随时增加。计现行律例内，死罪凡八百四十余条，较之顺治年间增十之七八，不惟为外人所骇闻，即中国数千年来，亦未有若斯之繁且重者也。

窃维宽严之用，必因乎其时。在立法之初，原为整饬人心风俗起见，而世轻世重，未容墨守成规，惟法贵能得其通，而事须行之以渐。臣等查现行律例内，其虚拟死罪而秋审例缓者，莫如戏杀、误杀、擅杀三项。戏杀初无害人之意，死出意外，情节最轻。误杀虽有害心，而死非互斗之人，亦初意之所不及。擅杀情节轻重不等，而死者究系有罪之人。故此数项罪犯，在各国仅处惩役、禁锢之刑。考之《唐律》，戏杀、误杀，各按其当场情形，分别徒、流，并无死罪。擅杀分勿论及徒、流、绞四等，亦不概问死罪。中国现行律例，不分戏、误、擅杀，皆照斗杀拟绞监候，秋审缓决一次，即准减流。其重者，缓决三次减流。盖虽名为绞罪，实与流罪无殊。不过虚拟死罪之名，多费秋审一番文牍而已。现当综核名实并省繁重之际，与其空拟以绞，徒事虚文，何如径改为流，俾归简易。

臣等公同商酌，拟请嗣后戏杀改为徒罪，因斗误杀旁人并擅杀各项罪人，现律应拟绞候者，一律改为流罪，均按照新章，毋庸发配，归入习艺所，罚令作工。其现行例内，如误杀其人之父母兄弟等项，并擅杀二命以上，及谋故、火器擅杀各项，不准一次减等者，酌加二年。如遇情有可原，或情节较重者，应俟临时酌量办理。其戏伤、误伤并擅杀，按例罪不至死者，均於本罪上递减一等，以免窒碍。似此变通量减，不过去其虚拟死罪之名，仍於生死无关出入。以上三项减轻之后，如果行无窒碍，再将斗杀及各项死罪分别较量，择其情节轻者，奏请减等。总期由重就轻，与各国无大悬绝。如蒙俞允，当由刑部将本年秋审册内戏杀、误杀、擅杀三项人犯，一律扣除，先行开单，改照新章，奏明办理。嗣后此三项人犯，即由各该省专咨报部，仍由刑部核议，按季汇奏一次，以昭慎重。所有臣等拟将律内虚拟死罪数端分别减为流徒缘由，谨恭折具陈，伏乞皇太后、皇上圣鉴。谨奏。[1]

（三）废除刑讯、笞杖

在中国传统司法体系中，刑讯问题一直得到广泛的

---

〔1〕 沈家本：《虚拟死罪改为流徒折》，载（清）沈家本撰，邓经元、骈宇骞点校：《历代刑法考·附寄簃文存·卷一》，中华书局1985年版，第2028～2030页。

关注,批评之声不绝于耳,但其批判之目的是把刑讯控制在一定范围内。光绪二十七年六月初四,刘坤一、张之洞《江楚会奏变法第二折》"恤刑狱"中的"省刑责""重众证"条最早提出对刑讯制度进行改革。光绪三十一年三月,沈家本与伍廷芳联名上折,赞同有保留的废除刑讯并得到清朝廷的赞同。沈家本、伍廷芳在《议覆江督等会奏恤刑狱折》中说:

> 查原奏省刑责条内,据称:"敲扑呼号,血肉横飞,最为伤和害理,有悖民牧之义。地方官相沿已久,漠不动心。夫民虽犯法,当存哀矜。供情未定,有罪与否,尚不可知,理宜详慎。况轻罪一眚,当时如法惩儆,日后仍望其勉为良民,更宜存其廉耻。拟请以后除盗案、命案证据已确而不肯认供者准其刑吓外,凡初次讯供时及牵连人证,断不准轻加刑责。其笞杖等罪,应由地方官体察情形,酌量改为羁禁,或数日,或数旬,不得凌虐久系等语。"臣等查笞杖仿于《虞书》,鞭扑不过以示薄惩。故律内杖罪至一百而止,其刑本轻。厥后变本加厉,问案率用刑讯,动辄盈千累百,血肉溅飞,诚如原奏所云,最为

伤和害理。居今日而欲救其弊，若仅空言禁用刑讯，而笞杖之名因循不去，必至日久仍复弊生，断无实效。然遽如原奏，改为羁禁数日数旬，立法过轻，又不足以惩警。臣等公同酌议，拟请嗣后除罪犯应死，证据已确而不肯供认者准其刑讯外，凡初次讯供时及流徒以下罪名，概不准刑讯，以免冤滥。其笞杖等罪，仿照外国罚金之法，凡例内笞五十以下者，改为罚银五钱以上；二两五钱以下，杖六十者，改为罚五两。每一等加二两五钱，以次递加，至杖一百改为罚十五两而止。如无力完纳者，折为作工。应罚一两，折作工四日，以次递加，至十五两折作工六十日而止。旗人有犯，照民人一律科断。……

又查原奏重众证条内，据称："外国问案，专凭证人……拟请以后断案，除死罪必须有输服供词外，其余流以下罪名，若本犯狡供，拖延至半年以外者，即按律定拟，奏咨立案。如再京控上控，均不准理等语。"臣等查外国案以证定，中国案以供定，中外情形不同。近来州县审案，遇有狡供之犯，辄非刑拷掠，惨不忍闻。其或犯供忽认忽翻，案悬莫结，必至妨废多家之生业，牵连无数之旁人,迨犯供输服,而拖毙者已累累矣。况乎三木之下,何求不得,且恐有畏刑诬服者,供以刑求,流弊滋多。例内本有实在刁健,坚不承招,如犯该徒罪以上,取具众证明文,原奏所称惟有申明定例,可以稍救其弊等语,真为确切之论。夫既非死罪,又有众证,兼有覆勘案情,断不至全行颠倒,倘再翻控,希图拖累,实为刁健之尤,诚不可不杜其渐。臣等公同酌议,应如该督等所奏,嗣后断案,除死罪必须取具轮服供词外,其徒流以下罪名,若本犯狡供不认者,果系众证确凿,其证人皆系公正可信,上司层递亲提覆讯皆无疑义者,即按律定拟,奏咨立案。如再京控上控,均不准理。似此则听讼不用刑讯,无辜免受拖累。

抑臣等更有请者,欲清讼源,非切实举行警察不可。警察行之如善,不特除奸禁暴,可以消患未萌,抑且平日之良莠若何,行踪若何,莫不周之。原奏谓外国警察之法最密,故证据多,诚非虚语,然必须实力奉行,方不至外貌徒袭。相应请旨饬下各省督抚,严饬所属认真办理警察,以期渐推渐广,庶于地方大有裨益,而讼狱亦可日见希少矣。[1]

但废除相沿数千年的刑讯不是一纸命令或一个奏折能够解决的，废除刑讯在全国范围内受到不同程度的抵制，“各省州县，实力奉行者固多，而阳奉阴违视为具文者，仍属不少”。其中表现最明显的是号称全国文明审判之地的上海会审公堂。“即如上海会审公堂，时闻有刑求杖责之事，人言啧啧，必非无因。”针对这种情况，沈氏又与伍廷芳联名上《轻罪禁用刑讯笞杖改为罚金请申明新章程折》，严厉指责上海会审公堂“仍蹈从前积习，沿用严刑”，指出：“立国之要领，存乎法权，而法权之推暨，在乎严守。”会审公堂虽然设在租界，但是，“上海，我国之版图也，公堂，我国之官吏也”。中国官吏，在中国土地上执行中国法令，乃天经地义之事。会审公堂官吏“昧于交涉，狃于故常，任情敲扑，视宪典如弁髦，是非从严参办，不足以肃纲纪”。故他们要求清廷，责令两江总督，会同江苏巡抚，认真整顿上海会审公堂，“选择品望素著，兼通中外法律者，委充会审委员”，以免再生弊端。与此同时，再次

〔1〕《议覆江督等会奏恤刑狱折》，载《修订法律馆奏折汇存》。又见《修律大臣外务部右侍郎伍刑部左侍郎沈奏核议恤刑狱各条折》，载《东方杂志》第二卷第六号，1905年7月27日出版。

谕令全国各地总督巡抚，督同臬司，严饬所属州县，实力奉行禁止刑讯的新章程，“倘有阳奉阴违，仍率用刑求，实行责打者，即令该管上司指名严参，毋许徇隐”。《轻罪禁用刑讯笞杖改为罚金请申明新章程折》全文如下：

窃臣等奉命修订法律，本以收回治外法权为宗旨。开馆以来，综核东西各国刑制，悉心参酌，务期中外从同，俾收统驭之效。是以本年三月二十日议覆前两江总督刘坤一等变法条奏，拟请变通笞杖办法，改为罚金，并请流徒以下不准刑讯等因。奉旨：“依议。钦此。”又，于廿一日复钦奉上谕：“昨据伍廷芳、沈家本奏议覆恤刑狱各条，请饬禁止刑讯拖累，变通笞杖办法，并清查监狱羁所等条，业经降旨：‘依议。’惟立法期于尽善，而徒法不能自行，全在大小各官任事实心，力除壅蔽，庶几政平讼理，积习可回。颇闻各省州县，或严酷任性，率用刑求，或一案动辄株连，传到不即审讯，任听丁差朦蔽，择肥而噬。拖累羁押，凌虐百端，种种情形，实堪痛恨。此次奏定章程，全行照准。原以矜恤庶狱，务申公道而通民情，用特重申诰诫，着该督抚等严饬各属，认真清理，实力遵行，仍随时详加查考。傥有阳奉阴违，再蹈前项弊端者，即行从严参办，毋稍回护瞻徇。其各勤求民瘼，尽心狱讼，用副朝廷恤下省刑之至意。将此通谕知之。钦此。”

伏维圣训煌煌，中外欣颂。朝廷设立刑章，凡属问刑衙门，俱应遵守，乃以臣等所闻，各省州县实力奉行者固多，而阳奉阴违视为具文者，仍属不少。即如上海会审公堂，时闻有刑求杖责之事，人言啧啧，必非无因。查上海自开关商埠以来，华洋杂处，风气开通。同治年间设立会审公堂，专理租界内词讼。凡会讯之员，于中外法律理应谙熟。此次以废身体之刑，和中外而相通，尤应切实推行，以一政令。该公堂何以仍蹈从前积习，沿用严刑？腐败情形，于斯可见。臣等窃维立国之要领，存乎法权，而法权之推暨在乎严守。夫上海，我国之版图也；公堂，我国之官吏也。以我国之官吏，行我国之法令，揆诸公理，孰敢逾越？且将来新律告成，范围全国，凡领土之内，法权在所必行。正宜乘此时机，先于通商各口岸试行裁判诉讼之法，以为基础。

乃上海为各埠之领袖,竟至首先梗阻,殊出情理之外。在该省大吏,谅不至有心视为具文,第恐所委之员昧于交涉,狃于故常,任情敲扑,视宪典如弁髦,是非从严参办不足以肃纲纪。

惟此项弊端,现在各省俱未能尽绝,不独上海一隅为然,未便严于此而宽于彼。若遽饬令各省一律查参,势必籍口省分远近不同,奉文先后各异,以为解脱,转致诸多窒碍。今欲严其将来,须先宽其既往,相应请旨饬下各省督抚,督同臬司,严饬所属州县,嗣后审理案件,凡罪在流徒以下者,照新章不准刑讯。旧例罪应笞杖者,照新章改为罚金。钦遵前次谕旨,实力奉行。傥有阳奉阴违,仍率用刑求,妄行责打者,即令该管上司指名严参,毋许徇隐。并请饬下两江总督会同江苏巡抚,将上海会审公堂一切审判事宜认真整顿,务须选择品望素著、兼通中外法律者,委充会审之员,方能胜任愉快,不得滥竽充数,以致弊窦丛生。上海通商最久,观瞻所系,总期行法得人,庶将来颁布新律,可以推行无阻,而收回治外法权,其端实基于此矣。谨奏。

光绪三十一年九月十七日具奏。奉旨:"该部知道。钦此。"〔1〕

在此,沈氏已经认识到,刑讯的存在不只是因为办案官员缺乏专业知识和道德情操,刑讯要想真正得到控制尚须在制度设计和法律规定上面想办法。遗憾的是一百年后的今天,刑讯问题依然在很大范围内存在,翻阅报刊杂志时有所见,颇有触目惊心之感。沈氏对刑讯原因的分析超越了简单的人性分析,推至于制度建构和法律规定,是一个大的进步。但如何把建构的制度和相关的法律规定落到实处,则需要我们的努力。

(四)死刑唯一

保留还是废除死刑,是当今政治法学界的热门争论话题。其实百年前的晚清法律改革,死刑的存废就发生过激烈的争论。前面说过,沈家本反对凌迟、枭首等野蛮、残酷、泯灭人性的死刑执行方法,但是他并不同意激进的废除死刑说,为此,特著《死刑唯一说》,阐明自己的主张:

---

〔1〕《修订法律大臣奏轻罪禁用刑讯笞杖改为罚金请申明新章折》,载政学社印行:《大清法规大全·法律部·卷三·变通旧律例》(第一册),第26~27页。

废止死刑之说,今喧腾於欧美各洲矣,而终未能一律实行者,政教之关系也。惟死刑止用一项,则东西各国所同。第译文简略,其理说未之能详。冈田博士之言则曰:“各国之中,废止死刑者多矣。即不废死刑者,亦皆采用一种之执行方法。今中国欲改良刑法,而於死刑犹认斩、绞二种,以抗世界之大势,使他日刑法告成,外人读此律者,必以为依然野蛮未开之法,於利权收回、条约改正之事,生大阻碍也必矣。”

又曰:“主张斩重绞轻者,恒谓斩者身首异处,故重,绞者身首不异处,故轻。然斩与绞同为断人生命之具,身首异处何以重?身首不异处何以轻?要亦不外中国古来之陋习迷信耳,非有正当之理由也。德国斩刑,普通用斧执行,而於亚鲁沙斯、卢连二州皆用断头台。因二州前属法国,即用此制,归德国后仍存旧习,非有轻重之差也。”

又曰:“试问中国刑法之分别於杀人罪,曾有因犯人用斩用绞之故,以重轻其处分之规定乎?於犯人犯罪之手段,则不问其用斩用绞,皆作为同一价值,曾无轻重之分,独於官刑,则斩重绞轻，是何理也?”

按：冈田之说如此。前一层论势，今日世界之情形固然。后二层论理，则未足折服学者之心也。斩、绞既有身首殊、不殊之分，其死状之感情，实非毫无区别，略分轻重，与他事之迷信不同，遽斥谓非正当之理由，未可为定论也。刑法乃国家惩戒之具，非私人报复之端，若欲就犯罪之手段以分刑法之轻重，是不过私人报复之心，而绝非国家惩戒之意，自古无此法律，乃以此为对镜之喻，实非其比也。且立法宗旨一定，不得两歧，死刑既定为一种，则通国中不当再有他种之死刑，何以各国军律又有枪毙之法？德国又有用斧及断头台之异？同为一国之法，而军法可与常法殊。同为一国之领土，彼此可行其习惯之法，则独责中国死分斩、绞之非，中国岂首肯哉！今以鄙意推之。唐虞三代，死刑并称大辟。《吕刑》正义曰：“辟，罪也。死是罪之大者，故谓死刑为大辟。”即孔氏之说而寻绎其义，既以此为罪之大者，自不能於其中再分等差。可见死刑止用一项，自古已然，不自近世也。周室死刑用斩，而《吕刑》言大辟疑赦，其罚千锾,与墨辟之百锾至宫辟之六百锾分为五等之轻重,而不复於千锾中再分轻重,尤可见死罪之列於常刑者止有一等,无二等也。公族之磬於甸人,下卿之绞缢以戮,誓驭之车辕,乃特别之法,不在五刑之内,与今日东西各国死罪或绞或斩止用一种而仍有枪击之法,正可互相参证。夫刑至於死,生命断绝,亦至惨矣。若犹以为轻,而更议其重,将必以一死为未足,而淫刑以逞。车裂、菹醢、炮烙、铁梳种种惨毒之为,有加无已,极其残忍之性,胡所底止,更不止於北齐之四等,北周之五等矣。不仁之政,孰阶之厉,谓非由於死刑之再分轻重哉!故古者五等常刑,死唯一等,明示限制,即不得再加。居今日而议行此法,乃复古,非徇今也。然则以死刑为无轻重者,於事未得其实,而死刑不可再分轻重,其理固大可研求矣。

我朝开国之初,死刑用斩一项,最合古法。迨后采用明制,死刑遂多。自光绪三十一年,奏删凌迟、枭首、戮尸诸重刑,死刑中尚有斩、绞二项。当时论者颇虑刑之过轻,反逆、恶逆之犯,不足以昭惩创。近虽此说稍息,察之政治风俗,亦不因删除重刑之故,别有变端。然斩、绞二项中,再议删去一项,必至訾议蜂起,难遽实行。今拟定绞为死刑之主刑,斩为特别之刑。凡刑事内之情节重大者,酌立特别单行之法。其军中之刑,亦以斩行之,不用枪击。尝见一枪击者,凡发四十余枪而后气绝,其惨甚於凌迟,非仁政也。即使此种枪刑,必选择精於用枪者行之,可以一发即毙。然斩首者,首断而气即绝,其痛楚之时必短。枪击者,枪中而气未遽绝,其痛楚之时必长。以此相较,枪击不如斩首也。方今五洲交通,大非闭关自守之时,若与世界相抗,诚有如冈田之所虑者。然骤欲施行遍国中,先多阻滞。惟以渐进为主义,庶众论不至纷挐,而新法可以决定,亦事之次序本当如是,非依违也。[1]

此文纵论古今,兼及中外,但是否被当时政学两界所接纳,不得而知。不过,奏准颁行的《大清新刑律》没有废

〔1〕 沈家本:《死刑唯一说》,载(清)沈家本撰,邓经元、骈宇骞点校:《历代刑法考·附寄簃文存·卷三》,中华书局1985年版,第2099~2101页。

止死刑,则是中国的正史。

(五)明刑改隐刑

“明刑”“隐刑”,或者说“公行”“密行”,是指死刑执行的方式和场所。“刑人於市,与众弃之”。“明刑”是在人口众多的闹市公开处决死刑人犯,这会使人们想起北京的菜市口,想起鲁迅先生的杂文《药》。通过使人感受死的恐怖,进而抑制人的犯意,是这种死刑执行方式的初意。在文明进化的20世纪初年,沈家本著《变通行刑旧制议》,主张将传统的明刑改为隐刑:

> 窃维明刑弼教,贵有以通其意,而不徒袭其名。其与斯民心性相关者,尤在杜其残忍之端,而导之於仁爱之路。考古者刑人於市,与众弃之。推原其意,诚以犯法者多不肖之人,为众所共恶,故其戮之也,亦必公之於众。孟子所谓“国人杀之”,其意正同。迨相沿日久,遂谓此乃示众以威,俾之怵目而警心,殊未得众弃之本旨。且稔恶之徒,愍不畏死,刀锯斧钺,视为故常,甚至临市之时,谩骂高歌,意态自若。转使莠民感於气类,愈长其凶暴之风。常人习於见闻,亦渐流为惨刻之行。此非独法久生玩,威渎

不行。实与斯民心性相关，有妨於教育者也。

又考古之立市，多在国中，乡遂并不立市。《周礼》明梏适市之制，惟国中行之，乡遂行刑，即在本狱之所。《唐六典》称古者决大辟罪於市，今无其刑，但存其文。是唐时行刑已不定在於市。古之市有垣有门，周防甚密。今京师处决重囚，在菜市地方，为四达通衢，略无周防，与古制本不甚合。至各直省、府厅、州县，大都在城外空旷之地，与弃市之义更不相符。又自近年以来，都下每值决囚之际，不独民人任意喧呼拥挤，即外人亦诧为奇事，升屋聚观，偶语私讥，摄影而去。既属有乖政体，并恐别酿事端。此又周防不密，未可忽略者也。

查东西各国刑律，死刑有密行、公行之分。英、美、日、俄、德、意各国皆主密行。惟法兰西尚存公行旧制，近亦亟议改图。至其行刑之所，或在监狱一隅，或别择障围之地。其临场之人除裁判等官外，或官吏酌量许可，或止许犯人亲属，各国不尽相同。至其立法之意，一则防卫之严密，一则临刑惨苦情状不欲令人见闻，於教育、周防两端均有关系。其制颇可采择。第监内行刑,恐多窒碍,不若另构一区,较为妥善。

酌拟:嗣后京师处决重囚,别设刑场一所,筑屋数椽,缭以墙垣。除监视官吏、巡警、弁兵外,须由承审官许可,方准入场。其余无论何项人等,一概不准入视。至各直省、府厅、州县,向有行刑之地,应即就原处围造墙垣。规制不嫌简略,经费可从节省,总以不令平民闻见为宗旨。似此变通办理,则防卫既较严密,可免意外之虞,而斯民罕睹惨苦情状,足以养其仁爱之心,於教育之端,实大有裨益也。[1]

"总以不令平民闻见为宗旨","斯民罕睹惨苦情状,足以养其仁爱之心"。一百多年后的今天,读着这些文字,面对时而出现的将死刑犯人游街示众后再予执行的报道,笔者敬佩改革者的勇气,同时对死刑犯游街这一传统在我们民族的顽强生命力,实在无言。

二、生命固应重,人格尤宜尊:废除奴婢律例

光绪三十一年(1905 年)对旧律的改造,并未触及奴

---

〔1〕 沈家本:《变通行刑旧制议》,载(清)沈家本撰,邓经元、骈宇骞点校:《历代刑法考·附寄簃文存·卷一》,中华书局 1985 年版,第 2060 ~ 2062 页。

婢律例。改造《大清律例》中的奴婢条款，源于上海的大闹会审公廨事件。

1905年冬，广东籍妇女黎黄氏，因在四川做官的丈夫去世，将其棺材送回家乡安葬。她带着15名买来的女孩，从重庆乘轮船东下，经上海回广东。12月8日（十一月十二日）到达上海，即被巡捕房以拐带人口的罪名拘捕，送交会审公廨审理。案件由中方谳员关䌹之、襄谳（副谳员）金绍成和英国副领事德为门会审。据黎黄氏供称，随行女孩是广东的亲戚来信托买作为丫鬟或是婢女，都有身价凭据，另外船中还有一百多件随身行李。据此，关䌹之等中方谳员认为，工部局方面所控拐带罪名证据不足，应照章将黎黄氏一行暂押公廨女所，先查验卖身凭据和亲戚信件，搞清事实真相，听候发落。但是，捕房捕头和德为门坚持要将人犯带回，改押工部局女西牢。关䌹之与德为门当庭争吵，巡捕则与廨役争夺人犯。最后，巡捕打伤两名廨役，将黎黄氏一行关入囚车，押于西牢，15名女孩则送进济良所（为妇女提供救济教其从良的地方）。这就是被时人称为大闹会审公廨的事件。

事后，关䌹之与金绍成向道台袁树勋汇报案情。袁氏支持关䌹之，宣布暂停会审，并照会各国领事，提出严正交涉。消息传出，广肇公所——广东人在沪的同乡会组织召开同乡大会，提出抗议。社会各阶层也纷纷集会，抗议洋人暴行。最后，大闹公廨事件演变为罢工、罢市的社会群体性流血事件。上海是两江总督的管辖地，总督周馥作为这个地区的最高长官，与上海领事团商议了结了这次事件。

纵观这次事件，罢工、罢市、流血死人由公廨会审黎黄氏而起，公廨大闹则由英国副领事越权而起。事件的核心问题或冲突焦点是司法主权。周馥与领事团协商谈判的也是这个司法主权问题。如果撇开司法主权问题，本案后面还有一个中西方的文化制度差异——西方禁奴而中国允许并保护买卖人口（蓄奴）问题。周馥显然理解这种在人权价值观问题上的中西差异，并在一定程度上接受了西方的价值观。请求禁止买卖人口的奏议，就是这种认识理解的结果。沈家本的《禁革买卖人口变通旧例议》，所引述的周氏奏折，可见他的这种认识：

> 准刑部来片："据政务处咨称：由军机处钞出署两江总督周，奏称买卖人口请旨禁革一折，奉朱批：政务处会同各该部议奏。钦此。查原奏所拟各条，为变通旧例禁革积习起见。惟律例条目甚繁，更改动关全体，应由部知照修律大

臣,参考中西,拟定办法,声覆过部,以便咨覆政务处酌核会奏。等因。”

前来查阅原奏,内称:“中国三代盛时无买卖人口之事,惟罪人乃为奴隶。周衰,始有鬻身之说。秦汉以后,变而加厉,以奴婢与财物同论,不以人类视之,生杀悉凭主命。我朝定例,逐渐从宽。白契所买奴婢与雇工同论,奴婢有罪不告官司而殴杀者治罪。叠次推恩,有加无已。然仍准立契买卖。本源未塞,徒挽末流,补救终属有限。贫家子女一经卖入人手,虐使等於犬马,苛待甚於罪囚,呼吁无门,束手待毙,惨酷有不忍言者。泰西欧美各邦,近年治化日进,深知从前竟尚蓄奴为野蛮陋习。英国糜数千万金币,赎免全国之奴。美国则以释奴之令,兵事累岁,卒尽释放。义声所播,各国从风。我朝振兴政治,改订法律,百度维新,独买卖人口一端,既为古昔所本无,又为环球所不韪。拟请特沛殊恩,革除此习。嗣后无论满汉官员军民人等,永禁买卖人口。如违,买者卖者均照违制律治罪。其使用奴婢,只准价雇。仍议定年限,以本人过二十五岁为限,限满听归本家。无家可归者,男子听其自立,女子由主家婚配,不得收受身价。纳妾只准媒说,务须两相情愿,不得抑勒。母家准其看视,仍当恪守妾媵名分,不许僭越。等因。"[1]

周氏看到了问题,并提出一个粗略的解决方案。具体改革则交给沈家本。下面是沈家本的方案:

查律载:"略卖良人为奴婢者,杖一百流三千里。和同卖良人为奴婢者,杖一百徒三年。略卖子孙为奴婢者,杖八十;弟妹及侄、侄孙、外孙,若己之妾、子孙之妇,杖八十徒二年;同堂弟妹、堂侄、侄孙,杖九十徒二年半;和卖者减一等。卖妻为婢及卖大功以下亲为奴婢者,各从凡人和略法,买者知情与犯人同罪。"又:"庶民之家存养奴婢者,杖一百,即放为良。"又:"凡收留良人家迷失子女不送官,因而卖为奴婢者,杖一百徒三年。若收留在逃子女而卖为奴婢者,

[1] 沈家本:《禁革买卖人口变通旧例议》,载(清)沈家本撰,邓经元、骈宇骞点校:《历代刑法考·附寄簃文存·卷一》,中华书局1985年版,第2037~2038页。

杖九十徒二年半。其自收留为奴婢者,罪亦如之。若买者卖者及牙保知情,减犯人罪一等,不知情者不坐。若冒认良人为奴婢者,杖一百徒三年。”各等语。是买卖人口久已悬为厉禁,微特凡人不准买卖,即父母卖其子女,尊长卖其卑幼,亦均分别治罪。定律本极严密,所庶民之家并不许存养奴婢,所以杜压良为贱之风,重视人类之意也。

考之《汉书》,建武七年诏曰:“吏人遭饥乱及为贼所略,为奴婢下妻欲去留者,恣听之。敢拘执不还,以卖人法从事。”注曰:“《盗律》略卖人、和卖人为奴婢者死。”又,《唐律》:诸略卖人为奴婢者绞,和卖者流二千里。略卖期亲以下卑幼为奴婢者并同斗殴杀法,和卖减一等,卖余亲者各从凡人和略法。知祖父母、父母卖子孙而买者,各加卖者一等。是汉、唐时此项罪名视今律更重。至东西各国,德意志刑法,买卖奴隶使就外国军务或船舶之役者,处以惩役之刑。俄罗斯刑法,凡违禁贩卖非洲黑奴者,以行劫论。又:将俄国及俄国保护之人民卖与异种人为奴者,无限公权全夺,罚作八年以上十年以下苦工。其余各国刑法皆不列此项罪名。盖久已无奴婢名目,故法典中亦不著也。乃今时厉禁虽悬,而买卖人口之风俗相沿未改。推原其故,大都遇荒歉之年,贫民糊口无资,鬻女卖男,借图存活。始仅八旗官绅之家收养驱使,久之而庶民亦多效尤。凡有资财,皆得广置婢女。奸民借以渔利,公然贩运买卖,若不知为大干例禁者,以致凌虐折磨,弊端百出。且律文虽有买卖奴婢之禁,而条例复准立契价买,法令已多参差。且官员打死奴婢,仅予罚俸,旗人故杀奴婢,仅予枷号,较之宰杀牛马,拟罪反轻,亦殊非重视人命之义。

本大臣奉命纂修新律,参酌中外,择善而从。现在欧美各国均无买卖人口之事,系用尊重人格之主义,其法实可采取。该督拟请永行禁止,系为革除旧习起见,自应如所奏办理。惟律例内条目繁多,诚如政务处所称,更改动关全体,自应通筹参考,核定办法。兹酌拟十条如左:

一、契买之例宜一律删除也。价买家人婢女,例内分别旗、民赴该管佐领及本地方官钤盖图记印信，其情愿用白契价买者，从其便。遇有相犯，以红契、白契分别科断。又，买卖人口，不仅奴婢一项，亦有为妻妾、子孙者。今既以不准买卖为宗旨，自应一律禁止。拟请：嗣后买卖人口，无论为妻妾、为子孙、为奴婢，概行永远禁止，违者治罪。旧时契买之例，一律作废。

一、买卖罪名宜酌定也。查略卖、和卖治罪，各律例已极周备。惟买者不知情，律不坐罪。因贫而卖子女及买者，律例内亦无科罪之文。今既禁止买卖人口，则此等情节虽轻，未便置诸勿论。拟请：嗣后除略卖、和卖各律例於新律未颁以前照旧遵行外，如有因贫而卖子女及买者，均科以一十五两以下之罚金，身价入官，人口交亲属领回。其略卖、和卖案内不知情之买者，亦照此办理。律内买者不知情不坐之文，先行删除。

一、奴婢罪名宜酌改也。律内奴婢干犯家长，罪名綦重，今既禁买奴婢，改为雇工，此后即永无奴婢名目，自不便沿用旧法。查康熙年间，原有旗人白契所买之人以雇工论之例，准此定拟，尚非无所依据。拟请：嗣后契雇贫民子女及从前旧有之奴婢，均以雇工人论。遇有相犯，即按雇工人本律本例科断。其与家长之亲属人等有犯，亦照此办理。

一、贫民子女准作雇工也。荒岁贫民乏食，无力养赡子女，势将流为饿莩，即寻常境遇艰窘者，亦有不能存活之时。若禁止买卖而不筹一善法，亦非两全之道。拟请：嗣后贫民子女不能存活者，准其写立文券，议定雇钱年限，作为雇工。年限不问男女长幼，至多以二十五岁为断，限满听归亲属。无亲属可归者，男子听其自立，女子择配遣嫁。其女子有亲属而无力遣嫁者，许伊主为之择配，亲属不得借端需索。

一、旗下家奴之例宜变通也。查八旗家奴，先年有赏给者，有投充者，有契买者，其名目不一，人亦众多。《户律》内则有放出为民之例，有赎身为民之例，原未尝令其世世为奴。惟未经赎放者，其子孙仍须在主家服役。偶犯军流等罪，则发驻防为奴。若犯徒罪，徒满后仍归伊主，不能销除旗档。其或潜入民籍，即干例议。此向来情形也。迨至近年以来，不独赏给一项例同虚设，即投充、契买之事，亦不复多见。惟从前未经赎放之人，以及庄头、看坟等项，其赖伊主养赡，已非一世，与本身契买者不同。如果伊主情愿放出，或准其赎身，仍可照定例办理。若未经赎放，而必以二十五岁为限，限满听其自由，则此项人等，皆有经管田庐产业事宜，亦未必尽愿舍去，办理恐多窒碍。此项罪名，今既拟悉照雇工人科断，则奴仆之名，已可永远蠲除，似不必再以年岁为限。拟请：旗下家奴，概以雇工人论，不必限定年岁，伊主情愿赎放者听。若此项人等，恃有新章，或欺压伊主孤幼，或盗卖主家田产，仍各照旗下家奴本律本例定罪，不得宽贷，以惩凶诈。所有《户律》内各例，应修并简明，以资引用。

一、汉人世仆宜酌量开豁也。现在汉人之畜婢者，各省皆有，而畜奴者实已罕睹。从前安徽省世仆，早於嘉庆十四年奏明，开豁为良。第恐他省尚有昔年遗留之世仆未经开豁者，自应酌量办理。拟请：嗣后汉人世仆所生之子孙已过三代者，概行开豁为良。如未及三代者，有犯仍照雇工办理。俟历三代后，亦一体开豁为良，旧主子孙不得刁难勒索。

一、旧时婢女限年婚配也。民间契买婢女,大抵经媒人之手,真正亲属,无从查考。又或历年已久,或远道携归,若必责令交还亲属,匪特窒碍难行,恐亦徒滋纷扰。定例:婢女不行婚配致令孤寡者,照不应重律拟杖。自应明定年限,勒令婚配。拟请:嗣后旧时婢女,年二十五岁以上无至近亲属可归者,由主家婚配,不得收受身价,违者照例治罪。

一、纳妾只许媒说也。泰西各国,无论何人不准置妾。日本近从西例,亦无准令置妾明文。但中国风俗民情与东西各国不同,未便遽加禁止。惟向来习俗,有凭媒说合者,有用钱价买者,自应明定办法,庶与此次宗旨相符。拟请:嗣后凡纳妾者,应凭媒说合,只用财礼接取,由妾之母家写立为妾愿书,不得再以买卖字样立契。母家准令看视,以顺人情。至妾媵名分,仍当遵守,不许僭越。

一、发遣为奴之例宜酌改也。查国初流徒人犯,多发往尚阳堡乌喇地方为奴。迨康熙二十一年,钦奉上谕:"反叛案内应流人犯,仍发乌喇地方,令其当差,不必与新披甲之人为奴,以昭朕轸恤民隐,哀矜保全之至意。等因。”伏读圣祖遗训,虽案关反叛,亦不忍尽令为奴,盛德深仁,永堪法守。其后因事惩创,复行为奴之制。有发黑龙江者,有发新疆者,有发各省驻防及八旗兵丁者,渐增至百数十条。复因与烟瘴互相调剂,时而改遣为军,时而改军为遣。至同治九年定例,将应发新疆为奴人犯分别改发烟瘴、极边,应发黑龙江为奴人犯改发四省烟瘴。自此之后,发新疆者已无为奴人犯,发黑龙江者亦仅太监及旗下家奴两项。惟发各省驻防及八旗兵丁者,尚存三十余条。自应照新疆、黑龙江之例,一律改发,庶永绝为奴字样。拟请:嗣后发遣驻防为奴人犯,不论旗民男妇,均改发极边足四千里安置。仍照新章,应发配者发配监禁,应收所习艺者,毋庸发配,收所习艺。按其情节轻重,分别办理。如系太监及旗下家奴,仍发黑龙江,交该将军严加管束。

一、良贱为婚姻之律宜删除也。奴婢之於家长,名义至严,故有犯罪名独重。而与良人为婚姻,不能谓家长无责,故知情则亦坐罪。律内特设专条,预防流失,重在压良为贱,而冒贱为良与以良从贱次之。其於良贱之分,秩序判然,殆如泾渭之不可合流,东西之莫能易位,正始所以正名也。然定律虽严,而良贱为婚,仍各循其风气,人情所习惯,法亦莫得而加也。今既禁止买卖人口,则以后奴婢名目自当永远革除。同是齐氓,似不应再分上下之品。拟请:将此律删除。凡雇工人与良人为婚,一概不加禁阻,并於主家无涉,庶与重视人类之意有合,人格乃日见增高矣。

一、买良为倡优之禁宜切实执行也。奴婢虽为贱役,尚得齿於人群。若降至倡优,托业愈卑,品类汙下,荡然无复廉耻之萌。故例於买良家之女为娼,及买良家之子为优者,皆科以枷号满徒罪名。原是尊重人格主义,无如奉行既久,官吏视为具文。买良为倡之案,尚或偶然一见,买良为优则终年不见一案,亦未闻有经官举发者。若不重申禁令,实力执行,恐奴婢之名目易除,倡优之根株难绝。流弊所至,将有不为奴婢或转而为倡优者。拟请:责成地方官严密稽查,遇有买良为倡优案件,务须尽法惩治,勿事姑息。庶足以革浇风而回弊俗,似亦清源塞流之一道也。[1]

这是光绪三十二年（1906 年）闰四月沈氏回答刑部支持周氏之议的方案。从现行法律规定到历史沿革，再到世界各先进国家的法条，详尽地阐述了改革的必要性、迫切性。当时清廷上下正处新旧政治制度的交替时期，这一温和方案没有上奏。但是，即使如此，仍然遭到王公大臣的反对而被搁置。几年后，在《大清现行刑律》的编纂中，法条依上述方案，做了全面改造，“奴婢”一词在法条中消失。为使这一改革在实践中减少阻力，沈家本撰写《删除奴婢律例议》，用“法律面前人人平等”的法律理念，再次阐述改革的正当性：

> 光绪三十二年，前署两江总督周馥奏请禁革买卖人口一折，奉朱批：“政务处会同各该部议奏。钦此。”准刑部来片，据政务处咨称，律例条目甚繁，更改动关全体，应由部知照修律大臣，参考中西，拟定办法。等因。经本馆酌拟办

---

〔1〕 沈家本：《禁革买卖人口变通旧例议》，载（清）沈家本撰，邓经元、骈宇骞点校：《历代刑法考·附寄簃文存·卷一》，中华书局 1985 年版，第 2038～2043 页。

法十条,并声明俟奉旨允准,再将律例内奴婢罪名分别应留、应删、应修,奏明办理。等因。咨覆在案。

兹据宪政编查馆咨称:"前件未及会奏,政务处裁撤。本年正月,准军机处片交,钦奉谕旨:御史吴纬炳奏置买奴婢恶习请严行禁革一折,著宪政编查馆知道,钦此。查原奏,请敕下宪政编查馆,会同修律大臣,连同周馥原奏,一并核议施行。自应咨商修律大臣,连同先今奏案,一并参考拟议。等因。"

查禁革买卖人口一事,论者多以为不便。前拟办法,久已置诸高阁。兹复据编查馆咨商,并抄录吴侍御原奏,声明律例内关涉奴婢各条均予删除,自应参考情形,再行妥议。窃谓此事应行禁革之缘因,周督原议、本馆覆议及吴侍御原奏,言之已详,不烦复述。本馆前所拟办法十条,大略似亦粗具。惟禁革不便之故,若不详加推究,终无以释众人之疑,而碍难决定。今试综而论之,不便之故,约有数端:

一、谓诸王府中有不便也。查王府包衣人,向准考试出仕,既非寻常奴仆可比,又世居户下，亦非罪隶之徒，本与买卖人口之案无涉。惟奴婢律例若有变革，则王府属下人亦应一体遵辨，所关系者此耳。在王府属下人，其中多有品官，初不若寻常奴仆之沦於贱役。按之《唐律》，其隶属之情事，与部曲约略相似。《唐律》杀奴婢与殴部曲罪有差等，则此项属下人，本不当与奴婢同科。今若量予变通，法理自当如是。此未可拘牵旧制者也。

一、谓满蒙官员之家有不便也。查国初旗下家奴，於赏给、投充之外，半由契买，故定例有分别红、白契之专条。近数十年来，赏给功臣之法早已停止，投充、契买亦久无闻。访问其故，人祇因为奴者易逃难育，相戒不用。其所驱使之人，亦多出於佣雇。即看坟一项，从前多写立文约，作为坟丁，近来亦多托付邻近相识之人，代为照应，不复沿用坟丁名目。惟世家大族，从先遗留家奴之子孙，尚不乏人。此辈非主家放出及本人赎身，不能脱离奴籍，遂至世世为奴矣。汉世免官奴婢为庶人，《本纪》屡书。唐代官奴婢年七十者免为良人，载在《六典》。古人良法，班班可考，初无世世为奴之理。即现行例内,亦有数辈勤劳,情愿听赎,及累代出力,放出为良诸条。以功令而论,亦未尝令其世世为奴也。此辈跟随主家,必皆数辈后之子孙,阅时一二百年,徒以未放未赎,世世被以奴名,其情亦殊可悯。倘朝廷大沛殊恩,仿照西国赎奴之法,普行放免,固为我国家一视同仁之盛举。即不然,不强之以放赎,而但变通其罪名,此亦修法者维持之苦心,举世所当共谅者也。

一、谓鬻婢之家有不便也。今买奴之风久熄,而鬻婢之家不独满汉官员大族,即中人小康之户,莫不有之。盖以使用婢女,较之佣妇为便。此等习惯,势难禁断。若改买卖为价雇,恐此女恃系佣赁,不听指挥,或亲属人等常来看视,致有勾串逃盗等项情事。此固不可不虑,然只可於文约内预行议明,到主家后须谨守规矩,年限未满,亲属不准看视等情。或议明雇值一年一给,於给值时准亲属看视一次,以示限制。未可因一端而致碍全局也。自来鬻婢之家,在良善者相待既好,及年之后嫁人为妻妾,必得其所原,与使奴之恶俗迥殊。若遇残忍之人,或非法殴打,戕贼其生命,或衣食缺之,冻饿其体肤,种种凌虐，惨不可言。如改买卖为价雇，此风庶可少杀乎！且周督原议，因上海黎王氏一案而起。黎王氏者，粤东人，其夫系府经历，在蜀服官，病故。该氏扶柩回里，道出上海。因携有婢女十余名，为关吏所究诘，致涉讼庭。西人晤周督，颇以此为言。周督始有禁革之议。若禁奴而不及婢，殊非原议之本旨也。

以上数端，皆论者以为不便之故，今推究而释之如此。至於奴、雇相犯，其罪名悬殊，论者亦必排其议。在奴、雇於家长，奴重雇轻。第雇工殴家长，死者绞决，谋故斩决。此据新修现行刑律。罪名已特重於凡人。当此减轻刑法之时，照此科罪，似亦不为宽纵。若家长於奴、雇，奴轻雇重。故杀奴婢不过徒一年，殴死雇工者已拟满徒，故杀者即拟绞抵。人或以此为诟病。不知奴亦人也，岂容任意残害。生命固应重，人格尤宜尊，正未可因仍故习，等人类於畜产也。溯康熙年间现行律，旗人故杀白契所买及典当之人，俱照故杀雇工人律拟绞。嘉庆间修改例文，以恩养年久、未久为罪名之攸判，而其照雇工问拟者，案牍亦颇可稽。可见杀伤奴婢，从前原有区分,并非概用本律。今若一律改照雇工,不过红契与白契不复分别而已,尚不至大相径庭。况此等杀伤之人,其为有罪也者,即故杀亦可酌量科断,不得拘於绞抵之文。乾隆年间,有部驳广西省外拟绞侯改拟杖徒案。其为无罪也者,则逞威惨杀,视人命若草菅,予以重比,未为严刻。近年罕见此类案件。如入秋审亦归缓决,并不实抵。然则罪名之悬殊,正可毋庸过虑也。

方今朝廷颁行宪法,叠奉谕旨,不啻三令五申。凡与宪法有密切之关系者,尤不可不及时通变。买卖人口一事,久为西国所非笑。律例内奴婢各条,与买卖人口事实相因。此而不早图禁革,与颁行宪法之宗旨,显相违背,自应由宪政编查馆速议施行。至於此事办法,则本馆前议具在,自可查照酌核办理。又律例内为奴各条,新修现行刑律业已一律酌改,现正奉旨交宪政编查馆覆核,当可照准也。谨议。[1]

---

〔1〕 沈家本:《删除奴婢律例议》,载(清)沈家本撰,邓经元、骈宇骞点校:《历代刑法考·附寄簃文存·卷一》,中华书局1985年版,第2043~2047页。

这篇议论逐条解说，但最重要的还是最后一段的这两句："方今朝廷颁行宪法，叠奉谕旨，不啻三令五申，凡与宪法有密切之关系者，尤不可不及时通变。买卖人口一事，久为西国所非笑，律例内奴婢各条与买卖人口事实相因，此而不早图禁革，与颁行宪法之宗旨，显相违背。"不改，就不符合宪法宗旨。这是政治正确，没有商量的余地。可以说，这是一篇对反对者软（说理）硬（政治需要）兼施的议论。

三、禁止杀奸

传统中国社会，不是绝对的性禁忌社会（妓女的存在就是例证），但也没有西方近代那样的性自由。在清朝，《大清律例·刑律》设"犯奸"专篇，用10条律文来规范婚姻家庭生活中的性行为。该篇第1条"犯奸"第1款规定："凡和奸，杖八十；有夫者杖九十。"将妓院外的男女性行为，规定为犯罪，处以杖八十（无夫）和杖九十（有夫）的刑罚。新刑律制订过程中，这一小小条文，成了礼法争论中的焦点问题之一。作为法派首领，沈家本认为："此事有关风化，当于教育上别筹办法，不必编入刑律之中。孔子曰齐之以刑，又曰齐之以礼，自是两事。礼中有许多设施,非空颁文告遂能收效也。"[1]礼和刑,教育和法律,在治理国家社会中,各有不同的功能,不能互相替代。和奸(也就是通奸)是个人道德行为,而不是一种对国家社会的犯罪行为。国家应从教育入手纠正这种行为,而不能用法律刑罚强行禁止。

通奸既然被国家确定为犯罪行为,因通奸而出现的本夫和相关人的个人杀奸行为,法律又怎样去规范呢?杀奸,就是杀死通奸者,被杀的当然是奸夫、奸妇。法律对通奸行为的惩罚不过杖八十、杖九十。但是,大清律"杀死奸夫"律规定:"凡妻妾与人奸通,而(本夫)於奸所亲获奸夫奸妇,登时杀死者,勿论。若止杀死奸夫者,奸妇依(和奸)律断罪,当官价卖,身价入官。"律之外还有 36 条例,构成一门庞杂的暴力杀奸系统。这是肯定本夫杀奸行为正当性的血腥之法。薛允升早在《读例存疑》中就批评说:"条例之烦褋,莫甚于此门。"杀奸与犯奸相辅而生。传统社会杀奸暴力频繁,与法律确认通奸为犯罪,有着密不可分的关系。沈家本否定犯奸为罪入律,同时撰写《论杀死奸夫》,痛批杀奸之非。这是沈氏

---

〔1〕 沈家本《书劳提学新刑律草案说帖后》,载(清)沈家本撰:《寄簃文存》卷八,中华书局 1985 年版,第 2286 页。

的一篇重要论文。笔者认为，废除奴婢律例是他平等观的体现，禁止杀奸则是人权自由观的表述。文章开头讲法源：

唐《捕亡律》："诸被人殴击折伤以上，若盗及强奸，虽旁人皆得捕系以送官司。"注："即奸同籍内，虽和，听从捕格法。"《疏议》曰："言同籍之内，明是不限良贱亲疏，虽和奸，亦听从上条捕格之法。问曰：'亲戚共外人和奸，若捕送官司，即於亲有罪。律许捕格，未知捕者得告亲罪以否？'答曰：'若男女俱是本亲，合相容隐。既两俱有罪，不合捕格告言。若所亲共他人奸，他人即合有罪，於亲虽合容隐，非是故相告言，因捕罪人，事相连及。其於捕者，不合有罪。和奸之人两依律断。'"按：《唐律》别无杀奸之条，即该於《捕亡律》内。所谓捕格法者，视罪人之拒捍、不拒捍为分别。拒捍者持仗，则格杀勿论。空手而杀，则徒二年。不拒捍及已就拘执而杀及折伤者，各以斗杀伤论。是《唐律》於奸人非持仗拒捍者，不得辄杀之也。《元律》："诸妻妾与人奸，夫於奸所杀其奸夫及其妻妾，及为人妻

> 杀其强奸之夫,并不坐。若於奸所杀其奸夫而妻妾获免、其杀妻妾而奸夫获免者,杖一百七。”始有同时杀死奸夫奸妇不坐之律。《明律》盖因於元,特设杀死奸夫律一条,并增入止杀奸夫一层,视元为更宽矣。[1]

这段话告诉我们,律准杀奸,并非华夏民族的传统古法,而是北方蒙族进入中原后所立新法。现行杀奸律是明、清两朝继承元法并不断扩充的产物,不合法理,关乎政治、风俗和民生:

> 窃谓后人立法,必胜於前人,方可行之无弊。若设一律,而未能尽合乎法理,又未能有益於政治、风俗、民生,则何贵乎有此法也。如此律之可议者,约有数端:
>
> 凡人和奸罪名,《唐律》徒一年半,元改为杖,《明律》则分杖八十、九十二等,并不当杀也。不当杀而杀,实为法之所不许。法既不许,乌得

[1] 沈家本:《论杀死奸夫》,载(清)沈家本撰,邓经元、骈宇骞点校:《历代刑法考·附寄簃文存·卷二》,中华书局1985年版,第2083~2084页。

无罪？有罪而予之以罪，义也。明明有罪而许为无罪，则悖乎义矣！悖乎义者，不合乎法理，此可议者一。

罪人拒捕，律载罪人本犯应死之罪而擅杀者，杖一百。注：以捕亡一时忿激，言若有私谋另议。《辑注》云："按：擅杀止杖一百之法，本为捕亡者而言。然必罪人有逃走之情，捕人别无私意之事，方拟此律，在常人不得引用也。观狱卒陵虐罪囚至死者绞，罪囚之中固有应死者矣，何以概曰绞乎？又，死囚令人自杀者，下手之人以斗杀论。既曰死罪囚矣，何以又曰斗杀论乎？以此推之，常人擅杀死罪之囚人，自当另议也。"观於此说，即罪犯应死之人，常人亦不得任意杀之，而况非罪犯应死之人乎！和奸，律止拟杖，与罪犯应死者大相悬殊。在官司差人擅杀应死罪犯，尚应拟杖，而谓常人可以任意杀人，所杀者又罪止拟杖之人，轻重相衡，失其序矣。失其序者，不合乎法理。此可议者二。

妇人淫佚，於礼当出，载在《户律》出妻条内，无死法也。其犯七出有三不去而出之者，杖六十。《唐律》此层，有"恶疾及奸不用此律"之文，而《明律》删之。是有三不去者，出亦不许矣。出且不许，况於杀乎？不许其出而许其杀，两律显相矛盾。夫君子绝交尚不出恶声，况於妻乎！当出者出，礼也。其不可杀，亦礼也。不可杀而杀，违乎礼矣。违乎礼者，不合乎法理。此可议者三。

好生恶杀，人之常情。况事关门内，断无立置诸死之理。律所以有亲属相为容隐之文也。《唐律》本亲合相容隐。乃以骨肉之亲，床第之爱，惨相屠戮，其忍而为此，於情岂终能安乎？情不能安，即乖乎情矣。乖乎情者，不合乎法理。此可议者四。

以上四端，皆於法律之原理有未能尽合者也。又如杀人之权操自国家，故凶暴之徒尚不敢肆其残忍。若杀人而可勿论，将报复相寻，罔知顾忌，无论奸情暧昧，难保无虚捏之事。就令情真事实，而私相戕贼，男女并命，甚则剖腹断头，情凶状惨，乡愚无识，方以自豪，是人人有杀人之权矣。此有关乎政治。可议者五。

世风浇薄，为政者闲之以义，尤贵导之以仁。杀人者不仁之事，国家禁戢之尚虑其难靖也，今有杀人者，不以为非，而以为是，是非惟不禁戢之，不几於奖励之乎！恐残杀之习，中於人心，势将日甚。此有关乎风俗。可议者六。

奸淫有伤风化，从重惩创，固属扶持世教之心。第人之不善，千汇万状，奸罪其一端耳。其重於奸罪者何限？乃他罪皆无许人擅杀之文。即如窃盗一项，必持仗拒捕，格杀者方可勿论，其登时追捕殴打至死者，尚问满徒。独此例则杀人不必科罪，世俗更有杀奸杀双之说，於是既杀奸夫者，必杀奸妇。往往初意捉奸，不过殴打泄忿，迨奸夫毙命，即不得不并奸妇而杀之。奸妇即跪地哀求，矢誓悔过，在本夫初未尝有杀之之心，而竟有不得不杀之势。更有因他事杀人，并杀妻以求免罪者。自此例行，而世之死於非命者，不知凡几。其冤死者亦比比也。此有关於民生。可议者七。

解之者曰："夜无故入人家，主家登时杀死者勿论。奸、盗罪人均已包括在内。此条奸所获奸，登时杀死，尚与主家登时杀死勿论之律意相符，第未将拘执而杀拟徒一层纂入，故不免稍有参差耳。"按：夜无故入人家律，《辑注》云："时在昏夜,又无事故,主家惊觉,不知其何人,不知为何事,登时在家内格杀身死者勿论。盖无故而来,其意莫测,安知非刺客奸人?主家惧为所伤,情急势迫,仓猝防御而杀之,故得原宥耳。”据此说,则凡非情急势迫者,即不得用此律矣。捉奸之事,皆先知之而后前往,有何情急势迫之可言?按之此律,意难吻合。《元律》但杀奸夫或但杀奸妇者,皆不能勿论。可见定律初意并非参取此律之意也。

或又曰:“《唐律》夜无故入人家条,若知非侵犯而杀伤者,减斗杀伤二等。《疏议》问曰:‘外人来奸,主人旧已知委,夜入而杀,亦得勿论以否?’答曰:‘律开听杀之文,本防侵犯之辈。设令旧知奸秽,终是法所不容。但夜入人家,理或难辨,纵令知犯,亦为罪人。若其杀即加罪,便恐长其侵暴,登时许杀,理用无疑。况文称知非侵犯而杀伤者减斗杀伤二等,即明知是侵犯而杀,自然依律勿论。’据《疏议》答问,与捉奸之事,足相印证,此条律文,非无根据也。”按:《唐律》“知非侵犯”,《疏议》谓知其迷误,或因醉乱,及老小疾患并及妇人不能侵犯。此得减斗杀伤二等者,以其无故夜入也。《疏议》於旧知奸秽一层,亦有夜入理或难辩之语,是所重实在“夜入、无故”四字。若捉奸者,不必皆於夜,且奸妇乃主家人,非外人也。与夜入之义相径庭矣。请更以《唐律》推之,男女俱是本亲,不许捕格告言,即旧例卑幼不得杀尊长之意。其杀伤从捕格法,与他律亦不至歧异,则无乖乎法理。非持仗拒捍不得辄杀,则政权不旁移。余犯应死而杀者,且科以加役流,则悍夫不敢逞。此前人之法胜於后人者也。

明代深於律学者,盖亦心知其非而不敢轻议,於是有或调戏未成奸,或虽成奸已就拘执,或非奸所捕获,皆不得拘此律之解释。诸读律家并宗其说。本朝修律,遂纂入《律注》,正所以救正其失也。而终於因仍不改者,沿习既久,莫之敢议耳。后来条例日益增多,樛葛纷纭,抵捂不免,证诸《唐律》,有不能尽符者矣。[1]

---

〔1〕 沈家本:《论杀死奸夫》,载(清)沈家本撰,邓经元、骈宇骞点校:《历代刑法考·附寄簃文存·卷二》,中华书局1985年版,第2084~2087页。

“食色,性也。”男女相悦,是人类的自然属性。两性结合,是人类生命之源。为使人类健康繁衍生息,社会稳定有序,婚姻家庭应运而生。但是,婚姻家庭无法改变人类的好色之性,这是古往今来婚外性行为无法根除的人性原因。唐宋以前,因通奸而引发的暴力冲突时有发生。然而法律并未认可这种暴力的正当性、合法性。因此,认可并赋予相关人对犯奸男女使用暴力,将他/她杀死,是“杀死奸夫”律的核心。有了这种法律,“常人可以任意杀人”,“不当杀”的被杀了,“不可杀”的也被杀了,夫妻之间“惨相屠戮”。认可这种血淋淋的暴力,就是纵容家庭暴力,既不合法理,也无益政治,更有害社会风俗,“自此例行,而世之死於非命者,不知凡几。其冤死者亦比比也”。以杀奸之非而证犯奸入罪之非。因此,这是一篇礼法论争的要作。

第五章　融合中西，推行审判独立

清廷宣布预备“立宪”后，沈家本是一位坚定的司法/审判独立主义者。[1]他既是当时司法/审判独立的理论阐述者，同时又是实践者。

一、司法独立，刻不可缓

司法独立是西方法治的核心。鸦片

〔1〕“司法独立”是近代以来的常用词。但是我觉得，司法独立没有审判独立确切。现在称作“司法”的机构太多，容易使人误解这些带有“司法”的机关都要独立。

战争以后不久，西方司法独立思想便开始传入中国。传入渠道大致有如下方面：清政府驻外使节游历西方，阅读西学书籍的中国学者的介绍，以及来华外国人的叙述和建议。另外，上海会审公堂、外国人在华的领事法庭也可能有一些间接影响。晚清立宪，司法独立是立宪的应有之义。这些介绍和传播，在当时的中国有一定的影响。但是，当进入实际的制度改革时，那就不是一件简单的事情了。光绪三十二年，清政府宣布预备立宪。九月，官制改革，刑部改名法部，专掌司法；大理寺改为大理院，专掌审判。沈家本被任命为大理院正卿。司法独立由此提上日程。这时，过去介绍传播的那点西方司法知识，根本就不够用。最明显的例子就是当时的（法）部（大理）院司法权限之争。对这次争论，已有很多讨论，不再赘述。就沈家本本人而言，笔者无法断言，当时他对西方司法独立的内涵是否有透彻的理解。但是，在改革的实践中，他对司法独立[1]的态度坚决，并深感主张采用西方司法独立的那部分人，虽然开口闭口谈西法，然而“未必皆能深明其法之原本，不过借以为炫世之具，几欲步亦步，趋亦趋”。把西法作为谋取利禄的工具。“而墨守先型者，又鄙薄西

---

〔1〕 按：他所坚持的“司法独立”，实为审判独立。

人,以为事事不足取”,以维护既得利益。

面对这样的世局,为改良裁判,推行司法独立,沈家本走出的第一步就是派员到国外考察,近距离地观察和探讨西方司法独立之本原。光绪三十一年(1905 年)九月,他和伍廷芳专折奏请派员考察日本的裁判制度。在这个奏折中,他们首先阐明考察的必要性,其次确定董康、王守恂、麦秩严为此次赴日人员。他们的任务有三:(1)“调查法制刑政,并分赴各裁判所,研究鞫审事宜。按月报告,以备采择。”(2)“凡该国修订之沿革,颁布之次第,以及民事刑事之所以分判,并他项规则之关于刑政为译书内所未赅载者”均应查其要领,带回国内。(3)日本监狱制度,久为西方国家所称颂,“尤应详细稽考”,直接绘图贴说,调查了解清楚。[1]

1906 年,董康、麦秩严、熙桢、区天相,王仪通、熊垓接受委派,在日本司法省特简参事官斋藤十一郎、监狱局事务官小河滋次郎的协初下,分历日本各处裁判所及监狱详细参观。通过半年多的调查访问,将见闻所及,撰写裁判四章、监狱二十二章,缮具清单进呈上奏。他们在陈述

〔1〕(清)朱寿朋编,张静庐等校点:《光绪朝东华录》(第五册),中华书局 1958 年版,第 5412 ~ 5413 页。

日本裁判的奏折中阐述了司法独立的必要性：

> 伏查司法独立与立宪关系至为密切。日本开港之初，各国领事俱有裁判之权。逮维新以来，政府日孜孜于裁判统一，不数十年，卒使侨民服从其法律之下。论者谓，国力之骤张基于立宪，其实司法独立隐收其效。方今厘定官制，钦奉懿旨，以法部专任司法，大理院专掌审判。此为司法独立之朕兆，亦即制定宪法之权舆。乃近年来，说者狃于故常，颇多訾议。不知司法独立非惟欧西通行之实例，亦我中国固有之良规。按：宋之提点刑狱，元之廉访司，俱专掌刑狱；即明之按察使与布政使分职而理，其初各行省未设督抚，按察一官独任刑名之事，初未尝有人节制之也。况以行政官而兼任司法，厥害有四：
>
> 吏治之兴替，惟州县是系。而任是职者，率从科举捐纳而来，律例成案夙所未谙。一旦策名仕版，盲者登途，方位罔辨，其克副明允之选者几希。即使有志修习，律义简奥，既非浅涉所能领悟。且地方应办之事初非一端，冲要之区

尤为纷繁，而尽责之州县，一人之身，其智力亦有所不逮，学无专精，由于官无专职。其害一。

行政官易，司法官难。趋舍乃人之恒情，孰肯就难而舍易？况行政官之交接酬酢，其事孔多。方日役役于奔走伺应之中，岂复能躬亲治狱。大抵各省，首县及冲繁州县，无不有委员数人为之问案。于是奸胥劣幕遂得因缘作弊，愚弄本官，坐使审判大权落于其手，永为若曹累叶衣食之需。其害二。

勘转之制，本为慎重刑狱，而上官遇事驳诘，则稽延、株累等弊在所不免。地方官惮于解审，便宜处分者有之，讳匿不报者有之。以中国幅员二十倍于日本，而达部之案反不逮日本二十分之一。权衡彼我，其理益显。层层牵辖，转令朝廷成宪等于弁髦。其害三。

领事裁判权不过以彼之法绳彼之民。然英之于上海，德之于胶澳，华民讼案亦越俎代谋；近日本更大开法院于辽左。卧榻之旁，岂容他人鼾睡！矧其为陪都重地耶！法权所在，即主权随之。以审判不同之故，予以口实，贻蔓草难图之祸。其害四。

职是四者,则司法独立为及今刻不可缓之要图。顾或有谓小民之程度未敷,判官之资格未备者,此乃因循自误之谈。夫百梯之巘,积自培塿;九逵之衢,肇于跬步。必待全局完备始图改辙,是永无发轫之一日矣。臣鉴于前规,毖于时势,不揣冒昧,披沥上达,伏祈圣明裁察,并请将该员调查清单饬交政治馆、法部、大理院存备参考。所有胪陈调查裁判监狱各情形缘由,谨恭折具陈,伏乞皇太后、皇上圣鉴。谨奏。光绪三十三年四月十一日具奏。奉旨:该衙门知道,钦此。[1]

从现有的材料来看,清朝廷当时采纳了他们的意见,开始讨论筹设各级审判厅。但这一举措立即遭到地方官僚的强烈反对。张之洞于光绪三十二年十二月二十四日《致军机处厘定官制大臣天津袁宫保》电,就是一篇反对司法独立的代表作。这篇电文的内容如下:

---

〔1〕 (清)沈家本:《调查日本裁判监狱情形折》,载董康:《调查日本裁判监狱报告书》,北京农工商部印刷科,光绪丁未五月铅印本,第1~3页。

闻官制局现议设高等审判厅、地方审判厅,两项人员系司法独立,一切案件直接大理院、法部,不由臬司、督抚核转,凡行政官均不受理诉讼等语,不胜骇异。此乃出自东洋学生二三人偏见,袭取日本成式,不问中国情形,故坚持司法独立之议。果如此说,大局危矣。贵大臣亦知司法独立之害乎?盖外国立宪之制,其最要一语曰"三权鼎立"。三权者,立法权、司法权、行政权也。立法之权在议院,司法之权在司法省及裁判官,行政之权在内外文武各官。故裁判官所断之案,内外大臣不能参议,朝廷不能驳改,习裁判者终身为此官,只有自行告退,朝廷不得而罢黜之。外国裁判官告退后,多改为律师,以其惯技在舞文卖法,上下其手,故获利最厚。上海诸律师可证也。大抵外国司法官必须独立者,专为力伸民权故也。外国前数十百年,暴君虐政,民不堪命,故国民公论特重司法之权,以求免残酷之祸。而外国人民智识多开,程度较胜,皆具有爱国之心,但争强於外国,不为害於本国。且适承虐政之后,故民权虽似乎偏重,而其实适得其中。然而外国贼君刺相之事,时有所闻。美国政体可谓和平,其总统仍不免被戕,何也?以外洋国事犯罕置重典、裁判官所定之罪无人驳改故也。中国民智未尽开通,爱国者固多,而持破坏主义、志在乱国者,亦复不少。方今革命党各处蠢动,沿江沿海伏莽繁多。凡内地获一乱党,必有海外学生联名干预,甚至外人出头保护。各省学生辱官逐师,兵民殴本管官,纷纷不绝,狂焰日张,礼法寖废,各处乱党甚多,必为之腾谤捏诬,多方开脱,颠倒黑白。假如裁判官果有独立之权,州县、臬司、督抚概不与闻,现议虽有"督抚监督"字样,然既不转核,止属空文。裁判各员中,难保无学术不正、心思不端者,每遇拿获逆党,必将强引西律,曲贷故纵,一匪亦不能办。不过数年,乱党布满天下,羽翼已成,大局倾危,无从补救,中国糜烂,利归渔人。是本意欲创立宪之善政,反以暗助革命之逆谋,不惟贵大臣必悔之,即创此议之各学生亦将悔之,恐海内外盼望立宪之数千万人,亦将悔之矣。即便无此巨患,然外省自疆臣以至牧令,尽是害民枉法之人,独此一项裁判官皆属明允笃诚之选,亦恐必无此理,徒致此辈舞文鬻狱，州县法令不行，即警察、学校、钱粮、缉捕、赔款诸事，亦无从措手而已。或谓司法独立即可收回治外法权，尤为事理所无。近阅直隶刊本试办审判章程，叛逆、人命等重案，仍照旧例，归臬司审理，虽未言州县，自是仍由州县审拟详办。绎其章程文义，当是无论民事、刑事，仍归督抚核转，似乎稍有限制。此时如必欲试行西法之裁判，万不得已，或者采取直隶章程，先试办数年，并须增入"准府、州、县监督地方审判，臬司统辖高等审判"一条。俟十年以后，推行全国，果系有利无弊，再改为独立章程，较为妥善。如虑行政之官执法不公，府县误判，例准上控，此后可加重其处分。臬司督抚误驳，准其具揭部院，上达圣聪，似已可杜偏断之弊。如虑立宪之宗旨不能显露，窃与其过重裁判之权力，莫如稍扩议院之规模。地方要政，准其入告；时政阙失，准其陈言；京外大臣有不职者，准其举发上闻。上下议院，互相补益；官吏绅民，互相匡救。盖议院虽重，仍是专属立法一门，不能兼揽司法之权，流弊尚少。窃惟立宪，良法也，美名也。谕旨预备立宪，固海内臣民之所愿。洞略晓时局,尤望其早见实行者也。譬如欲治多年之痼疾,必非一药之所能愈,要须量其气体,相其病情,如专用杀虫之剂、麻肺之汤,药性与平日脏腑迥不相习,必致吐泻昏眩,五脏翻覆,立时困顿不支,一剂之后。断不敢再进二剂,则从此痼疾无就愈之望矣。洞所以前电力陈更张太多之弊,此电尤于裁判、司法独立一节不惮苦口力争,非阻立宪也。盖深盼立宪之局之必成者,莫若洞也。不然洞为外吏三十年,岂不知州县之难得良吏哉,又岂不知劣员弊政之足以害民,即不为各省计,独不为乡里计、亲族计哉。披沥再陈,幸惟明察。漾。[1]

张之洞的电文,显然是针对沈家本等人的奏疏而发。为此,他们将访问而得的《调查日本裁判监狱报告书》,于光绪三十三年(1907 年)由农工商部铅印出版。沈家本为这本书所写的序言,可以看成是他推行司法独立的宣言。全文照录如下:

---

〔1〕 赵德馨主编,吴剑杰、冯天瑜副主编,吴剑杰、周秀鸾等点校:《张之洞全集》(第十一册 · 电牍),武汉大学出版社 2008 年版,第 323 ~ 324 页。

人不能无群，有群斯有争，有争斯有讼。争讼不已，人民将失其治安。裁判者，平争讼而保治安者也。顾古今中外风俗不尽同，裁判之事即不能尽同。不同者而必欲强之使同，其势必有所阂，由是阻力生焉。其在上古之世，风俗浑朴，科条简易；中古以降，风俗趋於浇漓，事日繁剧。若仍以简易之科条行之，能乎？是故自秦以来，裁判各自为法。汉有读鞫、乞鞫之律，而后世无文。《唐律》考囚不过三度，考满不承，取保放之，而今无此法。若是之类，非止一端。此古与今之不能同也。

西国司法独立，无论何人皆不能干涉裁判之事，虽以君主之命，总统之权，但有赦免，而无改正。中国则由州县而道府，而司，而督抚，而部，层层辖制，不能自由。从前刑部权力颇有独立之势，而大理稽察，言官纠劾，每为所牵制，而不免掣肘。西法无刑讯，而中法以考问为常。西法虽重犯亦立而讯之，中法虽宗室亦一体长跪。此中与西之不能同也。更有相同而仍不同者，古今无论矣，但即中、西言之，裁判所凭者，曰供，曰证。中、法、供、证兼重，有证无供，即难论决。《唐律》狱囚取服辩,今律承之。可见中法之重供,相沿已久,虽律有众证明白即同狱成,及老幼不拷讯,据众证定罪之文,特所犯在军流以下者,向来照此办理。至死罪人犯,出入甚巨,虽有此律,不常行用,盖慎之也。西法重证不重供,有证无供,虽死罪亦可论决。此又中西之同而不同者也。

方今世之崇尚西法者,未必皆能深明其法之原本,不过借以为炫世之具,几欲步亦步,趋亦趋。而墨守先型者,又鄙薄西人,以为事事不足取。抑知西法之中,固有与古法相同者乎。如刑之宣告,即周之读书用灋,汉之读鞫及论,唐之宣告犯状也。狱之调查,即周之岁终计狱,弊讼登中於天府;宋之类次大辟,奏上朝廷也。至若大司徒所属之乡、遂大夫,诸官各掌乡、遂之政教禁令,而大司寇所属之乡士、遂士、县士分主国中、遂、县之狱,与乡、遂诸大夫分职而理,此为行政官与司法官各有攸司,不若今日州县官行政、司法混合为一,尤西法与古法相同之大者。夫古法之不同於今而不行於今,非必古之不若今,或且古胜於今。而今之人习乎今之法，一言古而反以为泥古，并古胜於今者而亦议之。谓古法之皆可行於今，诚未必然，谓古法皆不可行於今，又岂其然。西之於中，亦犹是耳。值事穷则变之时，而仍有积重难返之势，不究其法之宗旨何如，经验何如，崇尚者或拘乎其墟，而鄙薄者终狃於其故。然则欲究其宗旨何如，经验何如，舍考察亦奚由哉。

泰西裁判之制，英、美为一派，德、法为一派，大略相同而微有不同。日本多取诸德、法，然与德、法亦不尽相同。盖立法以典民，必视乎民以为法而后可以保民。即如陪审官，实创自英。英本以自治为国，故此职最重。法改民主之后，经人民要求，亦用此制，德亦仿行，然皆不若英之出於习惯之自然。故日本不用此制，而别设检事一官。此东与西之不同者。英、美无区裁判，而德有之，日本用德制也。此西与西之不同者。凡此不同之故，亦仍视乎其国之政教风俗，有不能强之使同者。因民以为治，无古今中外一也。

中国今者方议改裁判之制，而礼教风俗不与欧美同。即日本为同洲之国，而亦不能尽同。

> 若遽令法之悉同於彼,其有阻力也固宜。然我法之不善者当去之,当去而不去,是之为悖。彼法之善者当取之,当取而不取,是之为愚。夫必熟审乎政教风俗之故,而又能通乎法理之原,虚其心,达其聪,损益而会通焉,庶不为悖且愚乎。日本斋藤参事所述裁判之制,颇称详备。凡所谓宗旨何如,经验何如,其大端已具於是。是在讲究斯法者,勿求之於形式,而求之於精神,勿淆群言,勿胶一是,化而裁之,推而行之。斯变通尽利,平争讼,保治安,阻力罔勿消,而势亦无所阂矣。古今中外之见,又何必存哉。[1]

奏疏和这篇序文,指出司法裁判"平争讼而保治安"的作用和目的。裁判公平,才能维持国家社会的治安。同时指出司法独立在现代国家的地位和作用:"司法独立,与立宪关系至为密切。"日本"国力之骤张,基于立宪,其实司法独立隐收其效"。中国现在厘定官制,"以法部专任司法,大理院专掌审判,此为司法独立之征兆,亦即

---

〔1〕 沈家本:《裁判访问录序》,载(清)沈家本撰,邓经元、骈宇骞点校:《历代刑法考·附寄簃文存·卷六》,中华书局1985年版,第2235~2237页。

制定宪法之权舆”。如果说,后面我要引述的《历代刑官考》,是从中国传统来说明司法/审判独立在中国的可行性,那么,调查日本裁判制度,则是实地考察司法/审判独立在东方国家的实效。通过这样的论证,他用斩钉截铁的语言表述了他的态度:“司法独立为今刻不可缓之要图。”这样的论证,不但有曲解古义之嫌,也使人感到理论的贫乏。但是,就当时回应司法独立“乃出自东洋学生二三人之偏见,袭取日本成式,不问中国情形”的观点而言,很难找出比这更好的论证方法。

另外,沈氏为了让时人更准确地理解司法独立,而不是简单地等同于“西政中源说”,他苦心积虑,深入地论述了司法审判制度古与今、中与西的不同,以及“中西之同而不同者”。在这些问题上,他虽然没有能够深入分析中西不同现象背后隐含的法观念,以及这些法观念产生的社会背景及法律传统,但他对这些现象的列举还是较为准确的,有助于时人初步明了中西审判之异同,也可看出西方司法独立观念统辖之下的审判制度的优越性所在。

上述沈家本所追求的司法独立,主要是司法的外部独立,即司法不受外部,特别是行政权的干预。这是他的追求,一个过了一个世纪仍然没有实现的理想,中国法治解不开的死结。当时的修律大臣,为追求这个理想,采用两个策略:一是将司法独立说成是中国古已有之的制度,把中西问题置换为古今问题。二是指出西方各国司法独立具体做法的不同之处,强调司法独立必须合于一国风土人情。这是一种对古今、中西既肯定又否定的矛盾论证。通过这种论证,肯定了采用西方司法独立的合理性、合法性。这种既肯定又否定的看似矛盾的现象,是改革阶段,尤其是初期阶段的常见现象。改革就在这种遮遮掩掩、跌跌撞撞中破土而出。但是,这种论证方法是双刃剑:它可以使国人比较容易地接受这种新制度,也容易使国人对新制度产成误会。百多年来,他的追求落空,可能也与这种论证方法有关。

司法审判独立还涉及秋审问题。让高级行政官僚参与对死刑案件的直接审理和覆核的秋审制度,本质上与司法独立根本矛盾。它的政治意义大于它在司法方面的意义,是皇权至高无上性的表现。晚清的司法独立,是皇权之下的独立,所以,秋审不能废除。面对这种情况,沈家本从慎刑的角度,首先指出秋审制度存在的合理性,"秋朝审一字增损,动关生死,未可以以寻常文牍薄之,不宜遽停覆核之制"。接着,话锋一转,"推原会审定例之初意,本为严杜拘陷锻炼之弊。现法院编制法既行,法官之资格皆由慎选而来,并设三审之阶,广通呼吁;行合议之制，博采舆情；此外如律师之辩护，鞫问之公开，凡为被告人谋利益者无微不至，详慎至此，实无深故之虞”；“国家政令不宜首尾两端”，秋审实与皇帝谕旨所规定的“划分司法权限，令行政各官不准违法干涉”，即司法独立相矛盾；但更重要的还在于“以司法之重寄，而分任夙未涉猎之人，已非循名核实之意”，所以须进行改革。改革的办法为“嗣后秋审人犯，外省径由按察司或提法司审勘，缮具招册后尾，咨呈法部核议，其督抚布政司会审之制即行停止。朝审人犯，概由法部核议，无须奏派核覆大臣，其朝审会同九卿审录之制亦行停止。至法部核定之后刊刻招册，进呈黄册等事，仍照旧办理”。至此，秋朝审制度更成为君权至高无上的仪式，已基本失去独立存在的根基，于司法独立无大碍。只要君主专制得以推翻，秋朝审制度彻底退出历史舞台就完全可能了。

沈氏对传统司法审判体制的批评较前人有所进步，其原因之一就是有了西方司法独立的参照。这些批评和思考有的获得了较大的成功，有的成效甚微。但其本身已经融会了一个基本的价值判断：西方的司法独立优于传统的行政兼理司法。即司法独立的优长。“如果一个人不理解别的社会，他就不能恰当地理解他自己的社会；既然如此，他甚至不能够真正理解他自己的社会。这样，他就得去理解过去和现在的各种社会或那些社会的重要‘部分’,正如那些社会理解他们自身一样。”[1]沈氏作此价值判断的重要前提就是对西方司法审判制度的把握。这种把握需要本人通过长期的观察和思考逐步确立一个新的概念框架或者说是参照系。沈氏确立的这个新概念框架和参照系恰好表明他已突破了旧有的思维模式和价值体系。此乃沈氏批评传统司法审判体制的“新颖”之处,也是沈氏司法独立观念的一块重要基石。

二、法律职业:专门之学,专门之人

在现代法治中,有了现代法,有了现代司法审判体系,还必须有一个现代法律职业群体。没有这样的群体,现代法很可能只是纸上法,现代司法审判机关很可能沦为帝制时代的官僚衙门。由于长期居官秋曹,甚至可以说毕生从事刑曹和法律,沈家本自己就是一个职业法律人。也许正是这样的身份,所以他对法律职业的认识比同时代的人都要深刻,甚至比后来者都深刻。官制改革尚未开始,职业法律人就进入他的视野,《设律博士议》就

---

[1] [美]列奥·施特劳斯:《自然权利与历史》,彭刚译,三联书店2003年版,第59页。

是这一思想的文字表述。全文如下：

《魏书·卫觊传》："奏曰：'九章之律，自古所传，断定刑罪，其意微妙，百里长吏，皆宜知律。刑法者，国家之所贵重，而私议之所轻贱。狱吏者，百姓之所悬命，而选用之所卑下。王政之弊，未必不由此也。请置律博士，转相教授'。事遂施行。"《晋书·职官志》："廷尉，主刑法狱讼。属官有正、监、评，并有律博士员。"《宋书·百官志》："廷尉，律博士一人。"《南齐书》同。《隋书·百官志》："廷尉卿，梁国初建曰大理。天监四年，置胄子律博士，位视员外郎。陈承梁，皆循其制。胄子律博士，六百石。"《魏书·官氏志》："律博士，第六品中。"《隋书·百官志》："后齐大理寺，律博士四人，明法掾二十四人。隋律博士八人，明法二十人。"《唐六典》："国子监，律学博士一人，从八品下。助教一人，从九品上。律学博士掌教文武官八品已下及庶人子之为生者，以律令为专业，格式法例亦兼习之。助教掌佐博士之职。"注：《晋百官志》："廷尉官属有律博士员。东晋、宋、齐竝同。梁天监四年,廷尉官属置胄子律博士,位视员外郎,第三班。陈律博士秩六百石,品第八。后魏初律博士第六品,太和二十二年为第九品上。北齐大理寺官属有律博士四人,第九品上。隋大理寺官属有律博士八人,正九品上。皇朝省,置一人,移属国学。"《唐书·百官志》:"武德初,隶国子监,寻废。贞观六年复置。显庆三年又废。以博士以下隶大理寺。龙朔二年复置,有学二十人,典学二人。元和初,东都置学生五人。"《旧唐书·职官志》:"学生五十人。"《宋史·百官志》:"国子监,律学博士二人,掌传授法律及校试之事。"此历代律博士之官制也。其品秩、人数、多寡、高下虽不尽同,而上自曹魏,下迄赵宋,盖越千余年,此律学之所以不绝於世也。

尝考《周官·大司寇》:"正月之吉,始和,布刑於邦国都鄙。乃悬刑象之法於象魏,使万民观刑象,挟日而敛之。"夫县之象魏而纵民观,则平日之集众思而成此法,其几经讨论研究可知矣。又有州长以下诸官,属民读法。故其时未尝有律学之名,而人人知法。洎乎世道陵夷,不遵先王之法,而法亦日即於销亡,泯泯棼棼之习，遂无从而整齐之。於是法家者流，目击当世之情形，各就其所学而作为书，李悝《法经》，其最著者也。当是之时，学者颇众。自秦焚《诗》《书》，百家之言，法令以吏为师。汉代承之，此制未改。士之不能低首下心於吏者，遂不屑为此学。然当时之法家者流，或父传其子，或师传其弟，习此学者，人尚不少。马、郑，经学大儒，犹为律章句。其余诸家章句，各自为书，转相传授，学者遂多矣。董卓之乱，海内鼎沸，生民涂炭，人士凋零。卫觊於是有设律博士之请。自是之后，迄於赵宋，代有此官。虽历代当局之人，或视为重要，或视为具文，所见不同，难归一致。然赖有此一官，而律学一线之延遂绵绵不绝。宋神宗置律学，苏轼有“读书万卷不读律，致君尧舜终无术”之讽。苏氏於安石之新法，概以为非，故并此讥之，而究非通论也。自元代不设此官，而律学遂微。朝廷屡诏修律，迄於无成。明承於元，此官遂废。然《明律》有讲读律令之文，凡官民咸当服习。是明虽不设此官，律令固未尝不讲求也。

夫国家设一官以示天下，天下之士，方知从

> 事於此学,功令所垂,趋向随之。必上以为重,而后天下群以为重,未闻有上轻视之,而天下反重视之者。然则律博士一官,其所系甚重而不可无者也。法律为专门之学,非俗吏之所能通晓。必有专门之人,斯其析理也精而密,其创制也公而允。以至公至允之法律,而运以至精至密之心思,则法安有不善者。及其施行也,仍以至精至密之心思,用此至公至允之法律,则其论决又安有不善者。此设官之微意也。议官制者,其主持之。[1]

对这篇文章前面的考论部分,论者或许觉得牵强;用古代的律博士来喻现代法律人,也让人觉得太离谱。但是,读完本文立意所在的最后几句话,联想时下司法实践中的个别现象,我们应当对这位先驱给予足够的敬畏。

(一)法官独立审判

西方司法独立(确切地说应该是司法审判独立)中的"独立",其内涵最少包含两部分:外部独立和内部独立。

[1] 沈家本:《设律博士议》,载(清)沈家本撰,邓经元、骈宇骞点校:《历代刑法考·附寄簃文存·卷一》,中华书局1985年版,第2058~2060页。

外部独立，指司法审判权独立，法院审理案件，不受行政权、立法权的干预。内部独立，是指司法审判机关内部，各级法官依法独立审判，不受上级司法审判机关以及本级司法审判机关内部其他人干预。外部独立，前已论及。内部独立方面，《历代刑官考》可以说是沈家本在这方面的专著。现将他为本书所写的序言录出：

《历代刑官考序》：

> 官制之因革损益，代各不同，即一代之中，或亦先后不同。刑官之制，尤为纠纷，非觑举而详究之，不能得其变迁之故。日者钦奉明诏，改定官制，设局详议，纂为一编。在他官之当讨论者，尚不过名称之改易，案牍之区分，惟刑官之制，新旧大相径庭。其关系乎他日之政治者，得失是非，正非一言所可罄也。因述历代刑官之制，粗加考论，辑为二卷，得失是非，大略可覩矣。编既成，而序之曰：
>
> 《传》称："自颛顼以来，以民事命官。"《周礼》曰："设官分职，以为民极。"是则国家之设官，为民事设也。《家语·礼运篇》王肃注："官，职分也。"有一官即有一官之职分，故任是官者，

必皆能各尽其职分,而后国家乃非虚设此官。此设官之本义也。稽之於古,未闻无是事而虚设一官者,亦未闻设一官而可以不事其事者;未闻任是官而不必问是官之职分当如何乃克尽者,亦未闻任是官而不必问职分之相当不相当可以漫居是官者,此理之易晓者也。则请更言其弊:

进取之路,升转之阶,但为人谋,不以事计,遂有无一事而增数官者。其弊一。

伴食之流,窃禄之辈,不亲公牍,世亦相容。遂有作此官而不作一事者。其弊又一。

不考例案,未叙年资,应对偏工,奔走无误。遂有职分不必尽而升擢可邀者。其弊又一。

甲署叙劳,乙署授秩,事非所习,位在人前。遂有职分不相当而冒昧从事者。其弊又一。

凡此诸弊,与设官之本义实相刺谬。在他官皆不当如此,况安民和众,其关系重要尤在刑官,而可以蹈常袭故不思变计乎!至于禄薄筹增,多一官即多一官之俸给。度支告绌,区画为难。此又关乎国用,不可不计及者也。古者士之仕也,以行道也。故为贫而仕者,必辞尊居

> 卑,辞富居贫,委吏乘田,孔子为之。自此义不明,而急流竞进,利禄为心,用不必才,官失其守,此治道之所以日衰也。良可慨已!若夫刑官变迁之故,苟即是编而讨论之,得失是非,亦可了然。何者与古同,何者与古异,何者古当因,何者古当革,因时损益,必得其宜,是在主之者。[1]

《历代刑官考》成书于1909年,正是清廷筹建各级审判厅,将审判权从各级行政官手中剥离之际。因此,人们尽可讥评他以古代"刑官"比"欧洲制度"的幼稚浅薄,批评他"司法独立非惟欧西通行之实力,亦我中国固有良规"之论的妄谬。但是,我们无法否认他在社会转型时期为当时各级审判厅奠基的理论意义;而就论证方法而言,也无法肯定他的方法比其他论证方法的效果要差。就当时的环境而言,如果不用这种"托古改制"或"复古改制"的手法,而直接用西方理论去阐述司法/审判独立在中国的必要性,它的效果究竟有多大,实在令人怀疑。

---

[1] 沈家本:《历代刑官考序》,载(清)沈家本撰,邓经元、骈宇骞点校:《历代刑法考·附寄簃文存·卷六》,中华书局1985年版,第2228~2229页。

但是,不管理论如何,赞成也罢,反对也罢,当时似乎用得上革命年代的一句话:“历史车轮滚滚向前,不可阻挡。”不但大理院和各级审判厅成立了,[1]有形的、独立的审判机构,终于从行政机构中剥离出来,无形的制度,先是《大理院审判编制法》,后是《法院编制法》,相继出台施行。

光绪三十二年十月二十七日,就任大理院正卿之后,沈家本等为厘定大理院审判权限,上奏清廷:

> 光绪三十二年九月二十日,内阁奉上谕:刑部著改为法部,专任司法。大理寺著改为大理院,专掌审判等因。钦此。臣等当于本月初四日,会同法部尚书戴鸿慈等奏明,大理院尚未成立,所有现审案件,暂由法部照常办理。请俟三月后,查看情形,再行交待等因,仰蒙俞允在案。惟是审判权限,等级攸分。查阅总司核定官制王大臣奏定“法部节略”内开,各国审判之级,大都区之为三,第一审、第二审、第三审是也。第二审以待不服第一审之判断者,第三审又以待

---

[1] 按:全国没有普设。

不服第二审之判断者。其裁判所之等级，大都分之为四。英、美、德、法诸国，均取四级裁判所主义。日本裁判制度仿效德、法，而亦分为四等，即区裁判所、地方裁判所、控诉院、大审院是也。区裁判所为最小之裁判所，只可承审轻罪案件。地方裁判所为第二级裁判，凡区裁判所不能承审之案件，皆得承审之，即为区裁判所之第二审。控诉院承审不服地方裁判所判断之案件，即为区裁判所之终审。大审院承审不服控诉院判断之案件，即为地方裁判所之终审。故轻罪案件，为区裁判所所管辖者，诉止于控诉院；重罪案件，为地方裁判所所管辖者，始得上控于大审院等语。臣等详加寻绎，复证之各国法制。盖德意志及日本刑法，均分违警罪、轻罪、重罪为三项。犯违警罪者，警察厅得而惩治之；犯轻罪者，得于区裁判所赴诉，而不能越控于地方裁判所；犯重罪者，得于地方裁判所赴诉，而区裁判所不得受理。控诉院则承受不服地方裁判所之审判者，而并无始审之案。大审院则承受不服控诉院之审判者，而自理词讼，以皇事官犯及国事犯为断。是故大审院不必俯侵控诉院之权，地方裁判所不能兼理区裁判之事。分之则各成独立，合之则层递相承，所谓分权定限，责有攸归者也。中国行政、司法二权向合为一，今者仰承明诏，以臣院专司审判，与法部截然分离，自应将裁判之权限等级，区画分明，次第建设，方合各国宪政之制度。“官制节略”既变通日本成法，改区裁判所为乡谳局，改地方裁判所为地方审判厅，改控诉院为高等审判厅，而以大理院总其成，此固依仿四级裁判所主义，毋庸拟改者也。惟每级各有界限，必须取中国旧制，详加分析，庶日后办理事宜，各有依据。臣等公同商酌，大理院既为全国最高之裁判所，凡宗室、官犯及抗拒官府并特交案件，应归其专管，高等审判厅以下不得审理。其地方审判厅初审之案，有不服高等审判厅判断者，亦准上控至院为终审，即由院审结。至京外一切大辟重案均分报法部及大理院，由大理院先行判定，再送法部覆核，此大理院之权限也。高等审判厅则不收初审词讼。凡轻罪案犯不服乡谳局并不服地方审判断者，得控至该厅为终审。凡重罪案犯不服地方审判厅之判断者，得控至该厅为第二审。其由该厅审判之案，内则分报法部及大理院，外则咨执法司以达法部；至死罪案件，并分报大理院。此高等审判厅之权限也。地方审判厅则自徒、流以至死罪，及民事讼案银债值二百两以上者，皆得收审。讯实后，拟定罪名。徒、流案件，在内则径达法部，并分报大理院；在外则详由执法司，以达法部。死罪案件，在内在外，俱分报法部及大理院。此地方审判厅之权限也。乡谳局则笞杖罪名及无关人命之徒罪，并民事讼案银债值二百两以下者，皆得收审。讯实以后，径自拟结，按月造册报告，在内则分报法部及大理院；在外则详执法司，以备考核。此乡谳局之权限也。权限既定，则高等审判厅以下，必须次第建设，方有专司。除各直省审判衙门，应俟官制厘定，由法部咨商各督抚次第筹设外，其京师词讼自以地方审判厅为重要，乡谳局次之。拟于内外城设立地方审判厅，凡刑事徒流以上、民事二百两以上者，俱以该厅为始审，则重罪案件有所归宿矣。京师乡谳局拟正名为城谳局，循巡警分厅之旧，于内外城分设九所。凡刑事无关人命之徒罪以下、民事二百两以下者,俱以该局为始审,则轻罪案件有所归宿矣。至高等审判厅,外国俱与大审院相附丽,应俟臣院择定衙署后,再行斟酌定议。此设裁判所之次第也。夫建置宜定规模,而施行必循次序。臣等承乏大理,极知为中外之观瞻所系,事关重大,夙夜绸缪。窃以为入手之初,非确定各审判官之事权,则责无所属,非预筹各审判所之区域,则事无所归,故于百端待理之中,谨择目前所急需筹办者,先行奏闻。恭俟命下,臣等即会同法部,将京师地方审判厅及城谳各局,逐渐设法成立。庶三月以后,法部现审各案,得所交代。至宗室案件,应否会同宗人府审讯,法部覆核死罪,应否由臣院会衔,以及提督衙门应否只管缉捕,不理讼狱;民政之巡警厅与城谳局,若何分别权限;并应设司法警察若干;高等审判厅以下,应设员缺若干,统俟臣等熟商妥协后,再行会同各衙门,陆续请旨施行。得旨:如所议行。[1]

---

〔1〕 (清)朱寿朋编,张静庐等点校:《光绪朝东华录》(第五册),中华书局1958年版,第5598~5600页。

这种办法取得清廷的允准后，不久便制定了《大理院审判编制法》。该法实际是大理院和京师各级审判厅局的编制法。共分五节，计四十五条，其目录为：

第一节　总纲(第一——六条)

第二节　大理院(第一七—二五条)

第三节　京师高等审判厅(第二六—三一条)

第四节　城内外地方审判厅(第三二—三九条)

第五节　城谳局(第四〇—四五条)

光绪三十三年八月二日，修订法律馆正在奏请重组，沈家本又上《酌拟法院编制法缮单呈览折》：

窃维东西各国宪政之萌芽，俱本于司法之独立，而司法之独立，实赖法律为之维持，息息贯通，捷于形影，对待之机，固不容偏废也。恭读本年五月二十七日上谕：改按察使为提法使，分设审判厅，增易佐治员，著由东三省先行试办。此外直隶、江苏两省择地先为试办，其余各省统限十五年一律通行等因。钦此。为宪政之预备，奠自强之初基，睿谟宏远，钦佩莫名。

伏查我朝官制等书，会典至详，然以行政而兼司法，揆诸今制，稍有未符。至如吏部处分则例,以六曹分职,审断虽立专门,而旨在惩戒,于治事之规程,权界之斠画,盖缺如也。臣曩膺简命修订法律,上年在大理院正卿任内,适值构缔伊始,深以审判官制诸多未备,非特辑专例,不足统一事权,乃饬馆员考古今之沿革,订中外之异同,分门纂辑,并令法律学堂日本教习法学博士冈田朝太郎帮同审查。该教习学识宏富,于泰西法制靡不洞彻,随时考证,足资甄择,逐条由臣折衷刊定,阅八月始克属稿。兹奉明诏,涣布中外,复据法部、大理院,暨考察政治王大臣各官制清单,详加对勘,剥肤存贞,厘定十五章,共一百四十条。凡机体之设备,审级之制度,官吏之职掌,监督之权限,一一赅载,名曰法院编制法。惟其中有为各国之通则,而于今日之实际及中国之风习未宜因袭者,厥有数事。

一曰定额。查各国审判制度,分初级审判、地方审判、高等审判、最高审判为四级。初级审判以判事一人专任,名单独制;地方审判为三人,高等审判为五人,最高审判为七人,名合议制。最新学说颇主倡高等宜三人,最高宜五人者,盖一则节省经费,一则可精选谳员。况开庭事宜向责之审判长一人,定额过多,非惟邻于尸位,复恐群议纷如,意见各执,于裁判反致阻滞。兹拟采用其说,于初级审判厅用单独制,地方审判厅用折衷制。其事系初审者,仍用推事一人。若经预审或再审,增为三人。高等审判厅以上,俱用合议制。惟每级按照各国酌减二人,以杜滥竽。此征于今日实际未宜因袭者也。

一曰巡审。即巡回裁判。日本用之于区裁判之出张所,临时遣员,裁判其事,大致与明之巡按御史及遣官审录之制相似。中国现在审判人材尚未储备,凡供帐之繁苛、胥吏之婪索,在所不免,利弊倚伏,无资补救。兹拟地方审判厅以上多设分厅,以分其责,必不得已,或于大理院临时酌量派遣,但仍以特别事件且关系重要者为限,高等审判厅以下不得援用也。

一曰休假。约在中历自八月迨十月之间,其制仿于德国,于此时期适值收刈小麦、葡萄,故停止裁判,以免召集人证,日本因之,与中国农忙旧制同,本为恤农而设。然吾国农忙之制未能实行,且休假之时仍须组立休假部,审理款项财产,登记建筑,及其他急迫不容稍缓者,屡事更张,徒形周折。日本近亦拟废其制矣。此二者揆诸吾国之风俗,未宜因袭者也。

再,大理本古官,于东汉时为廷尉,凡郡国疑谳,皆处当以报,所谓廷尉天下之平是也。逮后厥名互更,要皆专司决劾奏狱,与今日东西各国大审院、帝国裁判所、最高法院等之审理终审事件者,阶级相等。顾名思义,乃全国唯一之最高法庭,宜设于京师首善之地,斯崇体制。惟各省幅员广袤,什倍外国,如事事责令来京上告,川陆修阻,交通不便,适形拖累。查德国乃联邦集合而成,各联邦自为风气,习惯所囿,至今未能刊改。帝国裁判所设立于沙格逊国之拉布基地方,今各联邦之高等裁判所,均有代表帝国裁判所之权。若法律问题关涉联邦者,即于联邦中之高等裁判所定之;关涉全国者,始于帝国裁判所定之。如巴维利亚之民事诉讼,不于帝国裁判所裁判,即其例也。兹拟折衷德制,凡距京较远等省,即于高等审判厅内附设大理分院,视事之繁简,酌分庭数。各庭推事强半之数,由大理院遴派,余由该厅推事兼充。一切审判制度俱准大理院办理,既免迁延时日,且可省小民跋

涉之劳。此又限于我国今日特别情形，而未可以各国普通之例例之也。〔1〕

对于此奏，清廷下谕交宪政编查馆审核："修订法律大臣、法部右侍郎沈家本奏，酌拟法院编制法，凡十五章一百四十条，下宪政编查馆知之。"〔2〕宪政编查馆于宣统元年（公元1909年）核定上奏，将原十五章增为十六章，一百四十条增为一百六十四条。宪政编查馆奏述核订《法院编制法》的经过云：

光绪三十三年八月初二日，修订法律大臣沈家本奏酌拟法院编制法，开单请饬下宪政编查馆考核一折，奉旨：宪政编查馆知道，单并发。钦此。钦遵抄录原奏并清单知照前来。恭查钦定逐年筹备事宜清单，内载：法院编制法应于宣统元年颁布等因。钦遵在案。窃维司法与行政分立为实行宪政之权舆。上年钦定逐年筹备事

---

〔1〕《修订法律大臣沈家本奏酌拟法院编制法缮单呈览折》，载故宫博物院明清档案部编：《清末筹备立宪档案史料》（下），中华书局1979年版，第842～844页。

〔2〕《大清德宗景皇帝实录》卷五七七。

宜清单,令各省分期筹设各级审判厅,即为司法独立之基础。而法院编制法所以明定等级,划分职权,尤为筹设各级审判厅之准则。臣等检阅原奏清单,都十五章一百四十条,举凡机关之设备及其职掌权限,规定綦详,于采用各国制度之中,仍寓体察本国情形之意,尚系折衷拟订。惟其中尚有应行增损者数端,谨参照最新法理,证以现在实情,逐次修正,以期完善。

原奏于条文之内,往往附加小注。查律文以谨严为主,注释律文,不能与条文混为一事。今拟一概删除,其条文意义未足者,仍别加款项,以期明显。

又原奏于法官品级详为区分。查法院编制法在规定审判厅之办法权限,其性质属乎法律,至规定品级等项则属乎命令之事。今拟改为总括之语,其品级及俸给等项详细办法由法部另行厘订,奏交臣馆覆核办理。

又原奏胪列初级审判厅管辖事件。查审判管辖事件为诉讼之要端,现诉讼律及民、商各律、刑律尚待编订,若以编制法约举一二,亦属偏而不全。而地方及初级审判各厅即须开办,所有第一审管辖案件亦须明定办法，乃有遵循。谨另拟初级暨地方审判厅管辖案件暂行章程，以便施行。

又原奏书记课内录事以外，别设书记生。查书记生系临时雇用，无庸列入定章。今拟删改，除典簿、主簿外，一律称为录事。

又原奏于考用法官分划司法区域，现行办法均未详及。谨另拟法官考试任用暂行章程、司法区域分划暂行章程各一种，以杜滥竽而免纷歧。

其余条文词义未协及字句歧异之处，均经详细商酌，分别改正，厘定为十六章一百六十四条，并附订暂行章程三种。谨分别缮具清单，恭呈御览。伏候明降谕旨，钦定颁行，用资法守。至从前法部会奏《各级审判厅试办章程》，业经臣馆咨准该部通行试办在案。该章程各条有已定之于《法院编制法》者，应行作废；其余仍应照行，以资办理。此外，法部大理院奏定各项章程，有与《法院编制法》所载不符者，应请饬下一律改正，以归划一。……[1]

---

[1] 《宪政编查馆奏核订法院编制法并另拟各项暂行章程折（并清单）》，载政学社印行：《大清法规大全·法律部·卷四·司法权限》（第三册），第3~4页。

经过核定的《法院编制法》的十六章次第为:

第一章审判衙门通则;第二章初级审判厅;第三章地方审判厅;第四章高等审判厅;第五章大理院;第六章司法年度及分配事务;第七章法庭之开闭及秩序;第八章审判衙门之用语;第九章判断之评语及决议;第十章庭丁;第十一章检察厅;第十二章推事及检察官之任用;第十三章书记官及番绎官;第十四章承发吏;第十五章法律上之辅助;第十六章司法行政之职务及监督权。此外,尚有附则一条。以上共一百六十四条。

暂行章程三个:

《法官考试任用暂行章程》,共十四条。

《司法区域分划暂行章程》,共十条。

《初级暨地方审判厅管辖案件暂行章程》,共十一条。

这个奏折及《法院编制法》和《暂行章程》上奏后,清廷批谕:

> 本日宪政查馆奏核订《法院编制法》,并另拟法官考试任用、司法区域分划,及初级暨地方审判厅管辖案件各暂行章程,缮单呈览一折。朕详加披阅,均系参考列邦之制度,体察中国之情形,斟酌厘定,尚属周妥。立宪政体必使司

法、行政各官权限分明，责任乃无诿卸，亦不得互越范围。自此次颁布《法院编制法》后，所有司法之行政事务著法部认真督理，审判事务著大理院以下审判各衙门各按国家法律审理。从前部、院权限未清之处，即著遵照此次奏定各节，切实划分。其应钦遵逐年筹备事宜清单，筹办各级审判厅，并责成法部会同各督抚督率提法司切实筹设；应需司法经费，著该部会同度支部，随时妥筹规划，以期早日观成。至考用法官尤关紧要，该部堂官务须破除情面，振刷精神，钦遵定章举办。嗣后各审判衙门，朝廷既予以独立执法之权，行政各官即不准违法干涉。该审判官吏等遇有民、刑诉讼案件，尤当恪遵国法，审断持平，设或不知检束，或犯有赃私各款，一经觉察，必当按律治罪，以示惩儆而维法纪。其有关宗室案件，著另订细则办法，奏明请旨。余著照所议办理。[1]

---

〔1〕《宣统元年十二月二十八日上谕》，载政学社印行：《大清法规大全·法律部·卷首·谕旨》（第一册），第2页。

（二）确立律师制、陪审制

律师是职业法律人群体的重要组成部分。律师制和陪审制是西方司法审判独立的重要制度。特别是英美法系国家，在案件的审判过程中，陪审团、律师制约法官，依法审判案件，使法官不能肆意妄为，避免司法专横。清末最早提请采用律师制和陪审制的法案，是1906年的《刑事民事诉讼法草案》。在《进呈诉讼法拟请先行试办折》中，沈家本、伍廷芳明确提出：

> 考欧美之规制款目繁多，于中国之情形未能尽合。谨就中国现时之程度，公同商定简明诉讼法，分别刑事、民事，探讨日久，始克告成。唯其中有为各国通例而我国亟应取法者，厥有二端。
>
> 一宜设陪审员也。考《周礼·秋官》：司刺掌三刺之法。三刺曰讯万民，万民必皆以为可杀，然后施上服、下服之刑。此法与孟子“国人杀之”之旨隐相吻合，实为陪审员之权舆。秦汉以来，不闻斯制。今东西各国行之，实与中国古法相近。诚以国家设立刑法，原欲保良善而警凶顽，然人情诪张为幻，司法者一人，知识有限，

未易周知，宜赖众人为之听察，斯真伪易明。若不肖刑官，或有贿纵曲庇，任情判断，及舞文诬陷等弊，尤宜纠察其是非。拟请嗣后各省会并通商巨埠及会审公堂，应延访绅富商民人等，造具陪审员清册，遇有应行陪审案件，依本法临时分别试办。如地方僻小，尚无合格之人，准其暂缓，俟教育普被，一体举行。庶裁判悉秉公理，轻重胥协舆评，自无枉纵深致之虞矣。

一宜用律师也。按律师一名代言人，日本谓之辩护士。盖人因讼对簿公庭，惶悚之下，言词每多失措，故用律师代理一切质问、对诘、复问各事宜。各国俱以法律学堂毕业者给予文凭，充补是职。若遇重大案件，则由国家拨予律师。贫民或由救助会派律师代伸权利，不取报酬补助，于公私之交，实非浅鲜。中国近来通商各埠已准外国律师辩案，甚至公署间亦引诸顾问之列。夫以华人讼案藉外人辩护，已觉扞格不通，即使遇有交涉事件，请其伸诉，亦断无助他人而抑同类之理。且领事治外之权因之更形滋蔓，后患何堪设想。拟请嗣后凡各省法律学堂俱培养律师人才，择其节操端严，法学渊深，

> 额定律师若干员,卒业后考验合格,给予文凭,然后分拨各省,以备辩案之用。如各学堂骤难造就,即遴选各该省刑幕之合格者,拨入学堂,专精斯业,俟考取后,酌量录用,并给予官阶,以资鼓励。总之,国家多一公正之律师,即异日多一习练之承审官也。[1]

在这种思想的指导下,新法案用明确的条款对此作出规定。但是,这些条款同样遭到张之洞逐条逐句的批驳:

第一百九十九条 凡律师俱准在各公堂为人辩案。

> 按:泰西律师成於学校,选自国家,以学问资望定选格,必求聪明公正之人。其刑官多用此途,优者得入上议院,寄以专责,考以事功。而律师与承审各员同受学堂教益,自不敢显背公理。中国各官治事,所治非所学,任官又不出专门。无论近日骤难造就如许公正无私之律

[1] 《修订法律大臣沈家本等奏进呈诉讼法拟请先行试办折(并单)》,载政学社印行:《大清法规大全·法律部·卷十一·法典草案一》(第四册),第1~2页。

师，即选拔各省刑幕入堂肄业，而欲求节操端严法学渊深者，实不易得。遽准律师为人辩案，恐律师品格尚未养成，讼师奸谋适得尝试。且两造若一贫一富，富者延律师，贫者凭口舌。则贫者虽直而必负，富者虽曲而必胜矣。[1]

第二百五条　凡通商口岸公堂中外交涉之案，有外国官陪审者，亦可准外国律师上堂为人辩案。

按：律师虽非官吏，辩案实系公权。各国公权无有许外国人者，故各国律师无有用外国人者。中国通商口岸，以外人有治外法权之故，不得不用外人为律师。然以法律承认之则可不必。至“外国官”三字，范围太广，易滋辩论之端。查交涉案件，有外国官陪审者，此外国官必系驻扎该处之领事。中国所称之治外法权，实外国所称之领事裁判权，言领事而有裁判之权也。如领事以外，有彼国使臣派来之官，祇可谓

〔1〕　赵德馨主编，吴剑杰、冯天瑜副主编，吴剑杰、周秀鸾等点校：《张之洞全集》（第四册·电奏奏议），武汉大学出版社 2008 年版，第 317 页。

之观审人员，不得以陪审论。至领事临时所遣之翻译，虽可在旁问供。然此时非翻译之资格，乃领事之代表，是其地位本与领事无异，不得浑称为外国官也。历来条约文牍於此节，甚为含糊。亟应申明以清界限。拟请各条内，所有外国官字样，均改为领事官，以示领事以外不许有裁判权之意。[1]

第二百七条　外国律师有犯上条情节，照会该国陪审员或领事官，禁止上堂辩案。如有应科罪者，由该国领事自行办理。

按：上条所载情节，如故意不敬，或语言轻侮等类，则所犯尚轻。至教唆、诬告、欺骗等项，教唆罪依日本、德国刑法，均照正犯。法国刑法教唆罪无专条。诬告罪日本则照伪证罪定。而伪证又分曲庇陷害，其曲庇陷害者分处禁锢、罚金，因陷害而被告人已处刑者全坐，死刑减一

[1] 赵德馨主编，吴剑杰、冯天瑜副主编，吴剑杰、周秀鸾等点校：《张之洞全集》（第四册·电奏奏议），武汉大学出版社2008年版，第317~318页。

等。德法两国均重伪证罪，而诬告罪反轻。其欺骗之罪，日本德国均处重禁锢、罚金，与法国之处监收罚金同。所不同者罚金数目之多寡。本法声明照会该国陪审员、领事，由领事自行办理。无论领事陪审，难保不临时廻护。且此等有失主权之事，乃竟於诉讼法内一并宣布，通行天下。无论问心不安。且适为外人所窃笑矣。[1]

第二百八条　凡陪审员，有助公堂秉公行法，于刑事使无屈抑，于民事使审判公直之责任。

按：外国陪审员之制仿自英吉利。英人重公德，能自治，故陪审员有益而无损。法、德诸国仿之，已多流弊。盖为陪审员者，非尽法律专家，逞其臆见，反复辩论。既掣问官之肘，又延判决之期。欧洲学说已有抉其弊者。日本裁判制度多仿西洋，然区裁判所只设判事一人，地方

[1] 赵德馨主编，吴剑杰、冯天瑜副主编，吴剑杰、周秀鸾等点校：《张之洞全集》（第四册·电奏奏议），武汉大学出版社 2008 年版，第 318 页。

> 裁判所以上,有陪席判事而无陪审员。所以然者,亦以日本人民无陪审员程度故也。中国束身自爱之绅士必不肯至公堂,即问官以陪审重要之故责以义务,科以罚金,必有甘受惩罚而不愿涉足公门者。其肯到堂陪审者,非干预词讼之劣绅,即横行乡曲之讼棍。以此辈参列陪审,岂能助公堂秉公行法耶![1]

这是一场十分有趣的辩论。旧制度的守护人无法守护旧制,这是历史的必然。但是,他们批驳新制的理由,则值得新制创立者细心推敲。当然,争论归争论,与法院法官一样,律师终于还是在中国有了自己的舞台。

(三)法律学堂,法学研究

在改革旧法、翻译外法、制定新法的过程中,沈家本极为重视中国近代法教育和法学研究。1906 年官制改革初起,他即撰文主张恢复元代以来被废止的律博士。在《设律博士议》一文中,他指出:律博士一官"所系甚重而不可无","法律为专门之学,非俗吏之所能通晓,必有专

---

〔1〕 赵德馨主编,吴剑杰、冯天瑜副主编,吴剑杰、周秀鸾等点校:《张之洞全集》(第四册·电奏奏议),武汉大学出版社 2008 年版,第 318 页。

门之人，斯其析理也精而密，其创制也公而允。以至公至允之法律，而运以至精至密之心思，则法安有不善者。及其施行也，仍以至精至密之心思，用此至公至允之法律，则其论决又安有不善者”。则在制定新律过程中，更撰写《法学盛衰说》，希望通过法学繁荣，而使人人，特别是当政之人懂法守法，以法治国，使国家强盛起来。

孔子言道政、齐刑而必进之以德、礼，是制治之原，不偏重乎法，然亦不能废法而不用。虞廷尚有皋陶，周室尚有苏公，此古之法家，并是专门之学，故法学重焉。自商鞅以刻薄之资行其法，寡恩积怨而人心以离，李斯行督责之令而二世以亡，人或薄法学为不足尚。然此用法之过而，岂法之过哉！汉改秦苛法，萧何修律，虽以李悝之法为本，而秦法亦采之。然惠帝除夷族之法，文帝除诽谤妖言之法，除肉刑，景帝减笞法，其时人民安乐，几致刑措。用法而行之以仁恕之心，法何尝有弊？尝考法学之盛衰，而推求其故矣。

按法家者流，出于理官。自李悝著法经，其后则有商鞅、申不害、处子、慎到、韩非、游棣子诸人,并有著作,列在《汉志》法家。是战国之时,此学最盛。迨李斯相秦,议请史官非《秦记》皆烧之,非博士官所职,天下敢有藏《诗》《书》、百家语者,悉诣守尉杂烧之,若欲学法令者,以吏为师。自是,法令之书藏于官府,天下之士,阨于闻见。斯时,朝廷之上,方以法为尚,而四海之内,必有不屑以吏为师者,而此学亦遂衰。

汉兴,虽弛秦厉禁,而积习已久,未能遂改。外郡之学律令者,必诣京师,又必於丞相府。《文翁传》:"乃选郡县小吏开敏有材者张叔等十余人,亲自饬厉,遣诣京师,受业博士,或学律令。"《严延年传》:"延年少学法律丞相府,归为郡吏。"此其证也。叔孙通秦时以文学征为博士,而在汉时益律所不及《傍章》十八篇。于定国学法于父。可以见汉人不皆以吏为师。《郑崇传》:"为高密大族。父宾,明法令,为御史。"亦必非师于吏者。丙吉治律令,黄霸少学律令,莫能详其所从学。然当时此学之未尽歇绝,犹有李悝之流风余韵也。其后叔孙宣、郭令卿、马融、郑玄诸儒章句十有余家,家数十万言,合二万六千二百七十二条,七百七十三万二千二百余言。郑氏括囊大典，网罗众家，犹为此学，尤可见此学为当时所重。故弟子之传此学者，亦实繁有徒。法学之兴，於斯为盛。

其后晋之杜预与贾充等定律令，预为之注解，其奏语谓所注皆网罗法意。是其参取汉代诸家章句，而又不专主一家，故能撷其精要。同时张斐亦为之注，其表之所列，胥律义之要旨。自是，杜、张二家律注，遂行于世。下逮宋、梁、陈，南朝言法律者王植、蔡法度之徒，咸遵守之。北朝法学源流莫考，观于北齐新令采用魏、晋故事，则亦源于魏、晋。北齐河清中，法令明审，科条简要，又敕仕门之子弟常讲习之，故齐人多晓法律。隋《开皇律》不承用周而参取齐。《唐律》本诸《开皇》，世咸以为得中，后之治律者咸宗之。溯自魏、晋以下，流派递衍，至是而集其成。此法学之所以盛也。

宋承《唐律》，通法学者代有其人。盖自魏置律博士一官，下及唐、宋，或隶大理，或隶国学，虽员额多寡不同，而国家既设此一途，士之讲求法律者亦视为当学之务，传授不绝於世。迨元废此官，而法学自此衰矣。明设讲读律令之律,研究法学之书,世所知者约数十家,或传或不传,盖无人重视之故也。本朝讲究此学而为世所推重者不过数人。国无专科,群相鄙弃。纪文达编纂《四库全书》,政书类法令之属仅收二部,存目仅收五部。其按语谓刑为盛世所不能废,而亦盛世所不尚,所录略存梗概,不求备也。夫《四库目录》乃奉命撰述之书,天下趋向之所属,今创此论於上,下之人从风而靡,此法学之所以日衰也。

夫盛衰之故,非偶然矣。清明之世,其法多平。陵夷之世,其法多颇。则法学之盛衰,与政之治忽,实息息相通。然当学之盛也,不能必政之皆盛,而当学之衰也,可决其政之必衰。试观七国之时,法学初盛之时也,乃约纵连横,兵连祸结,而并于秦。汉末之时,法学再盛之时也,桓、灵不德,奄寺肆虐,而篡于魏。北齐之时,法学亦盛,而齐祚不永。几疑法学之无裨于世。然而秦尚督责,法敝秦亡;隋逞淫威,法坏隋灭。世之自丧其法者,其成效又如是。然则有极善之法,仍在乎学之行、不行而已。学之行也,萧何造律而有文、景之刑措;武德修律,而有贞观之治。及其不行也，马、郑之学盛于下，而党锢之祸作于上；泰始之制颁于上，而八王之难作于下。有法而不守，有学而不用，则法为虚器，而学亦等于卮言。此固旷观百世，默验治乱之原，有足令人太息痛哭者矣。

吾独不解，骫法之人，往往即为定法之人。梁武诏定律令，缓权贵而急黎庶。隋文诏除惨刑，而猜忌任智，至於殿庭杀人。稽诸史册，不胜枚举。法立而不守，而辄曰法之不足尚，此固古今之大病也。自来势要寡识之人，大抵不知法学为何事，欲其守法，或反破坏之，此法之所以难行，而学之所以衰也。是在提唱宗风，俾法学由衰而盛，庶几天下之士，群知讨论，将人人有法学之思想，一法立而天下共守之，而世局亦随法学为转移。法学之盛，馨香祝之矣。[1]

“法立而不守”是“古今之大病”，“势要寡识之人”“不知法学为何事”，希望“人人有法学之思想，一法立而

[1] 沈家本：《法学盛衰说》，载（清）沈家本撰，邓经元、骈宇骞点校：《历代刑法考·附寄簃文存·卷三》，中华书局1985年版，第2141～2144页。

天下共守之,而世局亦随法学为转移"。一百多年后的今天,重读这些睿智的文字,笔者既佩服他的洞察力,也为他的救国苦心而感动。

这一思想主导的结果是:在改革旧法、翻译外法、制定新法的过程中,他对中国近代法教育和法学研究有了足够的重视。时下爱说法律人,养成法律人,这是推行法治不可缺少的重要方面。在他的多方奔走和主持下,中国近代第一所全国性的法学教育学校——京师法律学堂,于 1906 年在北京开办。他以修订法律大臣身份兼任该学堂的管理大臣(校长),几年之内,"毕业者近千人,一时称盛"。

现代法学教育,其始应为 1895 年的北洋大学堂。如果再早一点,可以上推到 1869 年同文馆"国际公法"课程的开设,但是,正规而有系统的法学教育,应该是 1906 年由他主持开办的这所京师法律学堂。这是一所为新设各级审判厅培养法官的学校。在京师法律学堂的示范作用下,各类法学教育机构在全国各地迅速成立,从而掀起了清末民初中国近代第一次法学教育高潮。为促进法学研究的深入,在他的推动下,全国性的法学学术团体——北京法学会,于 1910 在北京成立,并由他出任第一任会长。在此基础上,他还推动创建法学研究所,创刊《法学会杂志》。围绕北京法学会,中外学者云集,同人相聚,讲说新理,推演旧义,盛极一时。奠定了中国近代以法为研究对象的法学的学术地位。他是中国近代法学当之无愧的开路人。

第六章　采用西法，建构新式监狱和制度

采用西方之法来改造中国监狱的最早提议者是张之洞、刘坤一,《江楚会奏变法三折》有明确的表述,张之洞在武汉建有日本式新式模范监狱。法律改革开始后,监狱改革被纳入法律改革范围。光绪三十一年三月,沈家本、伍廷芳上《议覆江督等会奏恤刑狱折》,针对光绪二十七年六月初四日,刘坤一、张之洞《江楚会奏变法第二折》"恤刑狱"中的"修监羁""派专官",他们上奏说:

又查原奏修监羁条内，据称："州县监狱之外，又有羁所……等语。"臣等查例内载明，牢狱禁系囚徒，锁扭常须洗涤，席荐常须铺置。冬设暖床，夏备凉浆，日给仓米一升，冬给袭衣一件，病给医药。定制之初，实属矜恤周挚。无如府、厅、州、县奉行不力，任令典守者恣情剋扣，肆意凌虐，以致百弊丛生，莫可究诘。至监内房屋类皆逼窄湫隘，夏则人多秽积，疫疠频生；冬则严寒裂肤，冻馁交迫，瘐毙相继，冤苦莫伸。又复私设班馆等项，拘押干连人证，及轻罪人犯，酷虐与牢狱如出一辙。该督等洞悉情形，故原奏于监狱之弊抉摘无遗，自非改弦更张，切实整顿，不足以收实效。应如所奏，请旨饬下各省督抚、将军、都统、府尹，设法筹款，将臬司、府、厅、州、县各衙门内监、外监一律大加修改，地面务须宽敞，房屋务宜整洁，一洗从前积弊，并优加口食及冬夏调理各费，以示体恤。禁卒人等倘有凌虐情弊，即行从严惩治。至羁所一项，既据该督等奏称各省州县无处无之，与其空悬厉禁，致各直省阳奉阴违，何如明定章程，尚可以随时考察。亦应如所奏，嗣后各处羁所务须宽整洁净,不准虐待,亦不准多押;违者比照凌虐罪囚及淹禁律,分别加等治罪。其臬司提案候审者,归入待质公所。此外如差带官店、仓铺、班馆等名,一律严行禁绝。再各该省监羁修改完竣之后,应由各该督抚派委妥员分投查验确实,如有空言塞责,或敷衍了事,即一面罚令该府、厅、州、县改修,一面参处,并令将修改查验情形详细奏明,咨报刑部,以备稽考,庶此则监羁顿改旧观,而民命无虞淹毙矣。

又查原奏派专官条内,据称:"监羁一事固须屋宇广洁,尤须随时体恤,禁绝凌虐,必有专官司之,方有实济。……等语。"臣等查例载;"府、厅、州、县有监狱之责者,除照向例设立循环簿,填注每日出入监犯姓名,申送上司审阅外,并令与专管监狱之司狱、吏目、典史等官,各将监狱人犯填注案由、监禁年月,造具清册,按月造送该管守巡道查核。如有淹禁情弊,即将该狱管狱官随时参处,仍令该道因公巡历至府厅州县之便亲提点验。如有填注隐漏者,将该狱管狱官一并参处,并令该道每季将清册汇送督抚、臬司查核,若府、厅、州、县有淹禁滥禁情弊，该道未行揭报，经督抚查出或别经发觉，将该道一并交部议处。”等语。定例本极周密，无如府、厅、州、县奉行不力，日久视为具文。其有无滥禁淹禁及凌虐情弊，该管巡道亦习而忘之，而大吏更无从知觉，无怪监狱之弊日积日深。至该道因公巡历，亲提点验，更属事不恒有。例成虚设，亟应酌量变通，特派专官，以司考察，另设专司，稽察各属监狱之事。同知不同城者，派同城通判每两个月内遍赴所属外县督察一次；同城兼有同通者，两员分往，一月稽察一次；同城县监，十日稽察一次。如有监羁未善，凌虐未禁者，准其据实禀明督抚、臬司，比照滥刑例参处。稽察府监责成本道司监，由督抚随时委员稽察。惟立法期于详备，务须力求实际，方能日起有功。全在各该督抚、臬司认真经理，严饬所属各府同知、通判，切实考察，以专责成。并令该同通将每月次稽察各县监羁有无淹禁滥押及凌虐情弊，逐一详细注明，按半年申报该督抚、臬司查核。倘该同通稽察不实及徇隐不举者，即据实一并参处。上司各司不即奏参，照徇庇例议处，仍令年终汇报刑部，以备稽察。似此则狱囚得沾实惠,而积弊可期廓清矣。[1]

清廷不仅采纳了这些意见,而且于次日下谕旨:“昨据伍廷芳、沈家本奏,议覆恤刑狱各条,请饬禁上刑讯拖累、变通笞杖办法,并清查监狱羁所等条,业经降旨依议。惟立法期于尽善,而徒法不能自行,全在大小各官任事实心,力除各弊,庶几政平讼理,积习可回。颇闻各省州县,或严酷任性,率用刑求;或一案动辄株连,传到不即审讯,任听丁差蒙蔽,择肥而噬,拖累羁押,凌虐百端,种种情形,实堪痛恨。此次奏定章程全行照准,原以矜恤庶狱,务伸公道而通民情。用特重申诰诫,著该督抚等严饬各属,认真清理,实力遵行,仍随时严加考察。倘有阳奉阴违,再蹈前项弊端者,即行从严参办,毋稍回护瞻徇。其各勤求民瘼,尽心狱讼,用副朝廷恤下省刑之至意。将此通谕知之。”[2]

清廷宣布立宪后,按照沈家本当时对西方法治的认识,“泰西立宪诸国,监狱与立法、司法鼎持而三”。有完

---

〔1〕《议覆江督等会奏恤刑狱折》,载《修订法律馆奏折汇存》。又见《修律大臣外务部右侍郎伍刑部左侍郎沈奏核议恤刑狱各条折》,载《东方杂志》第二卷第六号,1905 年 7 月 27 日出版。

〔2〕《大清德宗景皇帝实录》卷五四三。

备的法典、明允的法官，还必须有良好的监狱。因此，监狱改革成为他法治追求的有机组成部分。

光绪三十三年四月十一日，他向清廷陈《实行改良监狱宜注意四事折》：[1]

> 窃刑罚与监狱相为表里，近世各国刑法，除罚金外，自由刑居其强半。所谓自由刑者，如惩役、禁锢之类，拘置监狱，缚束自由，俾不得与世交际。盖犯罪之人歉于教化者为多，严刑厉法，可惩肃于既往，难望湔祓于将来，故借监狱之地，施教诲之方，亦即明刑弼教之本义也。考《周官·大司寇》云："以圜土聚教罢民。凡害人者，寘之圜土，而施职事焉，以明刑耻之。"又，"司圜"云："上罪三年而舍，中罪二年而舍，下罪一年而舍"。郑注"圜土，狱城也。"课以作劳，期以年岁，实为自由刑之权舆。汉之罚作，唐之居作，尚有周官之遗意。石晋而后，配役之例盛行，监狱之制寖废。虽有监狱，不过供待质、待

[1] 《修订法律大臣沈家本奏实行改良监狱宜注意四事折》，载故宫博物院明清档案部编：《清末筹备立宪档案史料》（下），中华书局 1979 年版，第 831 ~ 833 页。

决之用,领御之方虽备,困悔之旨缺焉。自光绪二十九年刑部议覆升任山西巡抚赵尔巽条奏,凡军流以下之罪,除常赦所不原外,俱酌改入习艺所工作,已采用自由刑之规制。当经通饬各省,以次设立,乃因循至今,尚未一律实行。上年改革官制,预备立宪,并于法部设立典狱一司,以专责成,仰见圣朝钦恤之至意,瀛寰逖听,颂祷同声。伏查泰西立宪诸国,监狱与司法、立法鼎峙而三,纵有完备之法典与明允之法官,无适当之监狱以执行刑罚,则迁善感化犹托空言。以故各国莫不从事于改良监狱,并设立万国监狱协会,分年于各都府开会,派遣委员,各将其国改良监狱事件,提出互相讨论,几视为国际之竞争事业。方今力行新政,而监狱尤为内政外交最要之举,虽其中条目纷繁,骤难力臻美备,而缔构之初,宜注意者厥有四事,敬为我皇太后、皇上陈之。

一、改建新式监狱也。西儒有言曰,觇其国监狱之实况,可测其国程度之文野。欧美改良监狱,多为此论所激发。近今构造之法益形完备,有采分房制者,有采杂居制者,有采阶级制者，形式以扇面形、十字形为最宜。如法兰西之佛勒斯日监狱，比利时之珍极尔监狱，壮丽几埒宫阙。日本则以巢鸭邨称为模范监狱。我国天津及京师各习艺所，俱仿其制。现在内地各监狱，同时改建，力有未逮，宜于各省之省会及通商口岸，先造模范监狱一所，以备拘禁流徒等罪。若财力稍裕之省，酌就罪质、年龄，量设数所，试办数年，然后推暨于各州县。惟监狱与习艺所性质不同，并须厘定名称。凡拘置浮浪贫乏者，名习艺所，隶民政部监督；拘置自审判厅判定罪名者，名监狱，隶法部监督。名称既定，权限自分也。

一、养成监狱官吏也。监狱要务，不外纪律、教育、卫生三项，而典狱一官统辖全监，非兼有法律、道德及军人之资格者，不能胜任。各国登用监狱官吏，必须熟习特别技能者，俱用特别任用令，先入监狱学校，习刑法、刑事诉讼法及关于监狱诸规则，并会计大要，试验及格充看守。奉职年限内，获有精勤证书，依级历升，可荐至典狱，为高等官也。半课之于专科学理，半试之于实地练习，其法至为美善。中国监狱责之典史、司狱等官,品秩卑下,何由铨擢真材。悍吏蠹胥,从而横据,持较泰西,仁暴悬如霄壤。今议改良监狱,亟应预储管理之材,宜于各省法律学堂或已成之新监狱内,附设监狱学堂,采用特别任用法,以资造就,并改定狱官品级。登进严则贪墨之风自绝,待遇隆则狷洁之士自至矣。

一、颁布监狱规制也。纲纪一国必以法律,组织监狱亦然。上而官吏有服从之职务,下而囚徒有遵守之事项,大而惩罚赏誉,小而日用饮食,其间条理至为繁密。昔法兰西与日本地方监狱,常年经费悉由地方担任,各处自为风气,管理未能统一,学者诟病之。中国将来各州县监狱是否由国帑支办,抑或筹用地方公款,尚难预知。宜先由法部博采各国最新规则,编定监狱章程,颁行各省,令不得越其范围,庶于管理不致蹈该两国之失策也。

一、编辑监狱统计也。国力之盈虚消长,非恃统计不能明,故近来各国以统计列为专门科学之一。监狱统计与刑事关系尤切,第刑事统计密,监狱统计略耳。其法分人员统计、行政统计二种。人员统计,如犯罪原因、国籍、住址、年龄、身分、职业、教育，是藉以知其人入监前之经历也。行政统计，如监狱之面积、官吏之程度、囚人之比较，以及惩罚、作业、会计、疾病之类，是藉以知监狱内事务之详简也。各国以统计著者，为英、法、意、比、奥、荷兰、瑞典、挪威等国，次为德、俄、瑞士、西班牙、葡萄牙等国。今典狱既设专司，此制亟宜仿行，应由法部编定格式，颁发各省督抚，饬所属按式分年报告，仍由法部汇订成册，恭呈御览，以为累年比较之准则。凡关于刑事及监狱各事宜，不难按册而稽矣。

《大清德宗景皇帝实录》光绪三十三年四月十一日有如下记载："大理院正卿沈家本奏请改良监狱，以资模范，谨陈办法四条：一改建新式，二养成官吏，三颁布规制，四编辑统计。下部议。又奏调查日本裁判、监狱情形。下所司知之。"

七月，法部覆奏，采纳了沈家本所拟定的办法。

《监狱访问录》序

董君编裁判事宜毕，复将监狱事宜辑为二编，前编为总论，凡七章，后编为各论，凡十五章,颜之曰《监狱访问录》。展卷再四,因得一言以蔽之曰:监狱者,感化人而非苦人、辱人者也。

应劭《风俗通》云:“三王始有狱。夏曰夏台,言不害人,若游观之台。殷曰羑里,言不害人,若于闾里。周曰囹圄,囹令,圄举也,言令人幽闭思愆,改恶为善,因原之也。”寻绎此说,可以见古人设狱之宗旨,非以苦人、辱人,将以感化人也。自此义不明,而吏之武健严酷者,其惨毒之方,残刻之状,难以偻指。由是感化之地,变而为苦辱之场。其强者,逾越逃亡,甚则劫囚反狱,防之每不胜其防;其弱者,愁惨呻吟,强半填尸牢户。揆诸古人之宗旨,不大相径庭哉?

《小宛》之诗曰:“哀我填寡,宜岸宜狱。”汉宣帝诏曰:“今系者或以掠辜,若饥寒瘐死狱中,何用心,逆人道也。”言之可为痛切。汉时虽有以系囚课殿最之令,《晋令》亦有作任与衣,厚草蓐,给医药,种种优恤之政,乃千百年来此弊迄未能尽革者,何欤?谓非规制之未能尽善欤?

泰西监狱,初亦未得感化之宗旨,而惟以苦人、辱人为事。迨后有仁慈者出,目睹夫惨毒之方,残刻之状,同为人类,何独受此?于是倡为感化之说，播于欧洲。更有学人辈出，相与研究，定厥宗旨。举凡建筑之法，待遇之法，监督之法，莫不酌理准情，区画周至，而宗旨一以感化为归宿。考其政治，成效昭然。近今各国复立监狱协会，穷年矻矻，方进未已。日本制仿泰西，颇已改观，而彼都人士犹以为未臻尽善，仍刻意讲求。此其实事求是之心，又何可及哉。试举泰西之制而证之于古。囚人运动场，即古人游观之意也。衣食洁而居处安，即古人闾里之意也。有教诲室以渐启其悔悟，更设假出狱之律，许其自新，又古人"幽闭思愆，改善得原"之意也。大凡事理必有当然之极，苟用其极，则古今中西初无二致，特患无人推究之耳。

小河滋次郎为日本监狱家之巨擘，本其生平所学，为我国忠告。我国之经营斯事者，诚即是编，以考其得失，当恍然于苦辱之不足以为政，而深维乎感化之故。其得也者，可取以为资；其失也者，可引以为戒。无妄费，无怨囚，无旷职，事半功倍之效，愿馨香祝之也。或曰，习染既深，洗涤非易，必谓监狱之内可大收感化之功，恐言似动听而行难获效也。顾蚩蚩者氓，自非下愚不移,讵有不可感化之理? 纵不能尽人而感化之,第使十人而得六七人,或四五人,或二三人,则人之有害风俗、有害治安者,必日见其少。积渐既久,风俗自日进于良,而治安可以长保焉。所虑者,但袭外观,不求内蕴,遂谓感化无期也,是果感化之不可期哉![1]

对于改造法部监狱,沈氏在《与戴尚书论监狱书》中说得更具体。该文内容如下:

何君《监狱说》,细读一过,区画周备,煞费苦心。甚善甚善。然谓如此即可令远人心服,则未敢以为然。欧洲各国监狱为专门之学,设立万国协会,穷年研究,精益求精,方进未已。即日本之监狱,虽极意经营,尚不完善,彼都人士方以为憾。中国从未有人讲求此学,则际此更张之始,自应周咨博考,择其善者而从之。若仍墨守己见,不思改图,恐无以关国人之口,遑

〔1〕 沈家本:《监狱访问录序》,载(清)沈家本撰,邓经元、骈宇骞点校:《历代刑法考·附寄簃文存·卷五》,中华书局1985年版,第2237~2238页。

论远人哉！

鄙见所及，已详于奏请改良一折及调查清单，兹不赘述。但就表面而论，尚有不可缓者数端，为我公陈之。历次召对，慈训屡以监狱应改相诏，如仅敷衍了事，何以仰答宫廷殷殷求治之至意。此不可缓者一。法部设典狱司，为监狱改良之枢纽。今直省如天津，如保定，皆设有罪犯习艺所，可容数百人，民政部所设之习艺所，亦可容数百人，而法部转瞠乎其后，相形之下，无乃见绌。此不可缓者二。顺天州县与直隶各府州同为一省，今直隶各府州军流以下人犯，皆已照章收所习艺，而京师及顺天所属州县之军人流犯，因无所可收，仍照旧发配。是同为一省之人，而办罪两歧。此不可缓者三。

此时建筑，必须以能容五百人者为度，其地非见方六七十丈，不敷各种房屋之布置。今北监地势，东西长而南北狭（不及二十丈），殊不合用。至参取西式，以扇面形、十字形为最善，天津及民政部已仿而营之。本部监狱，当为天下之模范，岂可因陋就简，故弟有别购空地之议也。今日倘能请款五六万金，别购地一区，斟酌一极善图式,为天下监狱模范,此上策也。若以巨款一时难筹,先就北监旧屋,去其障蔽,添设工场,有三二千金,即可兴办。俟筹有的款,再议大举,此中策也。倘不出此,而必举旧有之监房,悉取而改筑之,需费必在一二万金,不中不西,势难完善。后之人或以为未善,又议别图,则此一二万金者,几同虚掷。此策之下者也。

何君谓"改法不善,不如不改,改而又改,为害滋多"数语,洵是通论。惟我公熟思而审计之。此事不必太速,与其速而未尽善,不若迟回以有待也。高明以为然否?[1]

戴鸿慈赞同他的上策,京师监狱即按此构思营造。

[1] 沈家本:《与戴尚书论监狱书》,载(清)沈家本撰,邓经元、骈宇骞点校:《历代刑法考·附寄簃文存·卷五》,中华书局1985年版,第2196~2197页。

结束语　铁如意击唾壶歌

1913年春，在枕碧楼闭门养病著述的老人做了一个梦，梦中吟诗一首。醒后他把这首诗记录下来，名之《梦中作》，现存《枕碧楼偶存稿》中。这是他逝前的心境写照，全诗如下：

可怜破碎旧山河，对此茫茫百感多。
漫说沐猴为项羽，竟夸功狗是萧何。
相如白璧能完否？范蠡黄金铸几何？
处仲壮心还未已，铁如意击唾壶歌。

他梦见什么？他在这首诗中想要诉

说些什么?他没有直接说。全诗八句,用了六个典故。以化用文天祥的"山河破碎风飘絮"起句,而以王敦(处仲)"铁如意击唾壶歌"作结。笔者认为,颔联、颈联这四句,写的是历史典故,表达的则是他对民族国家的拳拳之心。颈联两问,可见其意。茫茫百感,他感叹文天祥丹心一片,最后仍然无力挽救赵家山河。最后以处仲壮心作结。他为什么推崇王敦?这是一个耐人寻味的问题。"王与马,共天下。"[1]《通鉴》的这一表述,是讲东晋政权由司马皇族和王氏门阀共同掌管。本文不讨论王氏家族与司马皇权的纠结,只想探究一下让沈氏推崇的"处仲壮心"。王敦是王氏家族的掌门人,《晋书》卷98《王敦传》上说他:"每酒后辄咏魏武帝乐府歌曰:'老骥伏枥,志在千里。烈士暮年,壮心不已。'以如意打唾壶为节,壶边尽缺。"(《世说新语·豪爽第十二》所记同)他追慕曹操,曾以"清君侧"之名,进占石头城,把持晋室"惟意所欲"。[2]这应该就是王敦的"壮心"。重病中的垂暮老人,是不是因为自己不能"惟意所欲",施展自己的法治抱负,"壮心"未已,因而向往王敦的击壶而歌?!

---

〔1〕《资治通鉴》卷91,第2884页。
〔2〕同上书,第2905页。

模范列强，制定“立宪”之法；在“立宪”之法的规范下，实行司法独立；建造管理新式监狱，开展现代法学教育，养成现代法律人。这就是沈家本晚年致力法律改革的理想和事业。对于他的这种理想和付出，1913 年北京湖广会馆追悼会上，与会者送来的挽联，为他盖棺定论：

法治开先河，综全国专家，执贽曾看争北面
儒宗钦薄海，读等身著作，传名应不让南皮

所谓今之皋陶，取申韩法治精神务去其毒
不愧古时儒者，习马郑经生事业而会其通

法治导先河，钜典修成，笔挟风霜难易字
作人开广厦，宗工遽杳，手栽桃李未成荫

老成人尚有典型，愿共和国民为法治国民，大辂椎轮谁祖述
万间厦广庇寒士，是同堂纪念即千秋纪念，山邱华屋感存亡

藏之名山，传之其人，并世著作家，一代文

章推师表

民吾同胞,物吾同与,共和法治国,千秋功伐在刑书

法治,是他的梦,他主持法律改革,追的就是这个梦。但是,晚清立法修律是专制帝王政治权力危机的产物,而不是理论成熟的民众政治行动。沈家本接受的是帝国皇帝的修律任命诏书,他是清帝国的修律大臣,而不是君主立宪国或共和国议会推举的法律起草委员会主任。他主要从救国救亡角度来接受西方法治,认为实行西方式的法治就能强国救国。由于主客观上的种种原因,他的这种法治追求,理论缺失在所难免。这是20世纪初年法律改革者追求西方法治的死穴。

那么,理论缺失在什么地方呢?

现代法治的原则是人权保障和分权。沈家本说过,申韩法治是专制之尤,也就是集权。西方法治是三权分立,互相维持,使人人都有自由的便利,又不超越法律的范围。但这仅仅是几句话,是纲,没有展开,没有理论体系。在人权保障上,“礼法之争”可以说是围绕人权的法律论战,法派当时就提出,制定新法的一个重要目的就是保护人权。还有禁止买卖人口,废除奴婢律例,都可以说

是人权的保障。但同样缺少理论体系的支持。

司法独立是沈家本法治追求的重要部分,在理论上他做过一些论证。他的论证分为两层:一是通过分析传统中国行政兼理司法的四大弊害,来间接说明司法独立在近代中国的必要性;一是司法独立已成各国的潮流,而且是中国古已有之的良规。

沈家本归纳的行政官兼理司法存在四大弊害,简言之是:行政官员没有专门的法学知识;胥吏容易营私舞弊;上诉制度流于虚设,相关法规几乎形同具文;以及它的存在有碍收回领事裁判权。这种论证,没有触及行政官兼理司法这个制度本身与传统君主专制之间的必然关系。司法独立制度本身的独立价值——作为贯彻西方权力分立的重要制度设计以保障公民的自由和权力——实际上被有意无意地抽掉了。在西方,无论是在英、美等普通法国家还是在法、德等大陆法系国家,司法独立制度的建立,是保证有超然于诉讼双方之上的公正裁判者,防止各式各样的专断权力对公民权利和自由的侵犯。尤其是抵御国家本身和作为国家代表的当政者(也就是通常所说的公权力)对公民的威胁,使司法成为人民权利的最后庇护所。这方面的论证,沈家本着墨不多,他只简略地说

“司法独立,与立宪国关系至为密切”。[1] 但是,两者“密切”在何处?立宪国优于专制国的地方何在?这些问题都没有论及。是不敢论、不想论还是不知道、无法论?现在找不到答案。司法独立停留在操作层面上,这种功利性的司法独立观只会产生更功利的“法治”理论。这种工具主义层面上的司法独立和“法治”,在相当大的程度上揭示了它在近代中国的命运。

为什么会这样?原因在于时代。

唐德刚常说时势比人强。现代法治,无论是君主立宪下的君宪法治国还是民主立宪下了的“共和法治国”,都是西方现代国家模式。这种模式,以“立宪”为前提。不管这种“立宪”是民主的还是君主的,抑或是君民共主的,宪法政治的推行都要求权力的分立与制衡。但是,清帝国的“立宪”,是在内外交困的局面下,为稳定自身统治权力而被迫宣布的“立宪”。他要的是集权,而不是分权,是借立宪集权于皇帝,集权于满清贵族。这种“立宪”,不但不同于西方的民主立宪,与日本的“君主立宪”也相去甚远。甚至还是导致清帝国被迅速推翻的重要原因。

在这样的环境中,沈家本按照自己的理想而构建的

---

〔1〕《调查日本裁判监狱报告书》卷前奏疏。

制度，其实际状况会怎样呢？

民国成立，汪庚年（曾经编辑刊行《京师法律学堂笔记》）在他的《上大总统及司法总长条陈司法独立书》说："前清时代，无论普通行政、司法行政，莫不以侵犯司法为常例"。行政官"强揽司法权，以售其舞文弄法之伎俩而遂其私"，而"审判官之判决案件，其拟律之判决文必先受本厅长官之删改，再受法部之核稿，往返驳诘，不得其许可，其谳即不能定"。在法官的任用上，"司法大臣之任用司法官也，一差一缺，纯以金钱献媚的多寡为标准。巧立章程，以便其迁就；破坏法律，以逞其私心"。其结果，"一般毫无法律知识者，皆以金钱或声气之能力，盘踞于其中"。而就沈家本极为关注的京师监狱而言，"北京之模范监狱，其建筑之目的不在改良监狱以改良罪质，乃有调剂私人，多派监工委员，假土木以夥分国库之支出而已"。[1]

钱基博曾于清末在江西发审局做过事，下面是他的经历：

---

〔1〕 民国元年4月21日、24、25日《盛京时报》，转引自台湾《中华民国建国文献·民初时期文献》第一辑，《史料二》。

辛亥革命前二年，我年二十三岁。江西按察使陶大均读了我的文章，认为我青年可以有为，就托我同乡廉南湖先生介绍，邀我到江西去筹办司法改良。我一到江西，看到司法黑暗重重，省城发审局刑讯酷滥，按察使署刑幕把持。首席刑名老夫子陈绳之，徒子法孙，播满全省各府各县。府县人民上控案件，几乎无一准理！陈绳之因为我是陶臬台特约的人，我一到，就来看我，和我商量，案件不必过问，各府县一年四季节敬（端阳中秋，冬至和年）分我一股。我当然坚决谢绝，恐怕他心里不安，告诉他说："陶臬台约我来，商量司法制度如何改良，并不要我问案件。老夫子办案辛苦，府县节敬，我如何敢分润！"因就和他商量司法改良，当前从两事下手：一停止刑讯，一改良监狱。他一口赞成。我草一说帖，上陶臬台。陶臬台人极长厚，认为积习难挽，然而不妨做。商量先从省城发审局做起。发审局提调，系南昌府知府；我的说帖交去，发审委员一致说："刑讯停止，供无从问！"此事就告搁浅！我退一步，想专致力于监狱改良。我去看新建县知县梁某，请求参观监狱。梁知县陪我巡视一周,当然讲不到“人道”两字,然而我觉得走马看花,不够了解。因为典史管监狱,典史衙门就在监狱旁面(边),自己请示在典史衙门住半月,吊(调)监犯名册,每日提一两个犯人,随便闲话。梁知县大不安,早晚来陪我谈天。我劝他回去治事,不要陪我。他不肯。住了三天,我也只得回去,见陶臬台,告以所见。陶臬台恻然,筹了一笔经费,并且自己捐了二百两银子,交梁知县,吩咐他:“监房一律离地五尺,铺木板。监沟淤塞,一律开浚。”梁知县亦捐了俸银一百两。又指名一老犯人,所谓龙头者,以其虐待同犯,无恶不作;由梁知县自己吊案重办,详申改徒为流,充军到边远地方去。讲不到如何改良,暂时减少一些残酷!到了明年,陶臬台死在任上,我也就回家乡;然而问刑衙门之刑讯不人道,深深埋在我的心头![1]

总之,清帝国无可奈何的“立宪”,是沈家本通过司法

〔1〕《钱钟书父亲钱基博的自我检讨书(1952)》,载《独角兽资讯》2010 年 12 月 22 日。由陈新宇博士提供。

独立来推行近代中国“法治”的理想受挫的关键原因。

值得肯定的是，通过改革者的努力，大理院终于从刑部剥离出来，一部分地方审判厅也从知县知府衙门剥离出来，中国破天荒有了大理院和各级审判厅这样的专门审判机构。这是进步，应该肯定。但是，前面说了，沈家本的法治实践并没有解决行政干涉司法问题。更为糟糕的是，民国以后枪杆子干涉司法，比行政干涉司法更可怕。到1928年南京国民政府搞司法党化，要党员司法，党义司法，这是历史的进步，还是历史的退步？这一点留给后人去思考。不过，当时的一些学者认为这是革命。当时一位有名的学者，他的一本书的书名就叫《法律的革命》。[1]

七十三、八十四，阎王不请自己去。1913年6月9日，是传统农历的端午节，这位现代法治的追求者阎王不请自己去了。这不是一个好日子，悲愤的屈原就是这天投江的。眼睁睁看着自己亲手所做的改革，收到这样的果实，现实太残酷太无情了，“可怜破碎旧山河，对此茫茫百感多”。他吟咏着、叹息着离开了这个世界。

2016年5月17日改定于京西寓所

---

〔1〕 黄右昌：《法律的革命》，北京大学法律研究社1929年编著。

天 下

图书在版编目(CIP)数据

现代法治：沈家本的改革梦 / 李贵连著.—北京:
法律出版社,2017.4
ISBN 978-7-5197-0152-9

Ⅰ.①现… Ⅱ.①李… Ⅲ.①沈家本（1840-1913）
—法学—思想评论 Ⅳ.①D909.252-53

中国版本图书馆CIP数据核字(2016)第258099号

现代法治：沈家本的改革梦
李贵连 著

策划编辑 高 山
责任编辑 韩向臣
装帧设计 汪奇峰

开本 A5
版本 2017年4月第1版
出版 法律出版社
总发行 中国法律图书有限公司
印刷 固安华明印业有限公司

印张 6.875 **字数**107千
印次 2017年4月第1次印刷
编辑统筹 学术・对外出版分社
经销 新华书店
责任印制 陶松

法律出版社/北京市丰台区莲花池西里7号(100073)
网址/info@lawpress.com.cn
投稿邮箱/info@lawpress.com.cn
举报维权邮箱/jbwq@lawpress.com.cn
销售热线/010-63939792/9779
咨询电话/010-63939796

中国法律图书有限公司/北京市丰台区莲花池西里7号(100073)
全国各地中法图分、子公司销售电话：
统一销售客服/400-660-6393
第一法律书店/010-63939781/9782
西安分公司/029-85330678
重庆公司/023-67453036
上海公司/021-62071010/1636
统一销售客服深圳公司/0755-83072995

书号：ISBN 978-7-5197-0152-9 **定价：**40.00元